Jede fünfte Frau in der Schweiz ist von sexualisierter Gewalt betroffen, aber nur acht Prozent der Fälle werden zur Anzeige gebracht. Während das Sexualstrafrecht in der Schweiz eine Reform durchläuft, nehmen Miriam Suter und Natalia Widla die Praxis unserer Polizei und Beratungsstellen sowie das Recht unter die Lupe.

Ausgehend von den Geschichten dreier Frauen, deren Erfahrungen stellvertretend für viele Opfer stehen, werden Abläufe und Ansprechpersonen dargestellt, die von sexualisierter Gewalt Betroffenen zum Verhängnis als auch zur Hilfe werden können.

Suter und Widla führen Interviews mit Corina Elmer, Tamara Funiciello, Marcus Kradolfer, Agota Lavoyer, Karin Keller-Sutter und Bettina Steinbach. Von der Politikerin über die Opferberaterin bis zum Polizeischuldirektoren: Sie nehmen verschiedene Perspektiven ein und erläutern für die Debatte relevante Konzepte und Hintergründe. Das Buch setzt sich damit auseinander, welche Veränderungen es schweizweit in Institutionen und nicht zuletzt im Strafrecht braucht. Es schockiert, bestärkt, macht Hoffnung – und geht alle an.

Miriam Suter & Natalia Widla

Hast du Nein gesagt?

Vom Umgang mit sexualisierter Gewalt

Vorwort von Franziska Schutzbach
Illustrationen von Jacek Piotrowski

Limmat Verlag
Zürich

Für uns

7 **Vorwort**
von Franziska Schutzbach

17 **Warum gibt es dieses Buch?**

Die Polizei

27 **Lena*: «So geht man doch nicht mit einer Überlebenden um»**

39 **Das (anfängliche) Schweigen der Polizei**

45 **Bettina Steinbach: «Im Prinzip passiert in den Einvernahmen noch einmal das Gleiche wie bei den Taten»**

57 **Die polizeiliche Ausbildung: «Oftmals reicht es schon zu sagen: Wir müssen diese Fragen stellen, damit wir Ihnen zu Ihren Rechten verhelfen können»**

64 **Marcus Kradolfer: «Man kann nicht alle Missstände, die man in den Polizeikorps feststellt, auf die Grundausbildung abwälzen»**

73 **Die (Ex-)Polizistinnen: «Du riskierst ja deinen Job, wenn du nur daran denkst, Meldung zu erstatten»**

Die Opferberatungsstellen

85 **Jil*: «‹Nein heisst Nein› hilft dir wenig, wenn du in dem Moment, in dem der Übergriff passiert, kein Wort herausbringst»**

97 **Agota Lavoyer: «Es gibt wirklich viele misogyne Vorurteile»**

108 **Corina Elmer: «Wir stellen uns parteilich auf die Seite der Opfer»**

118 **Das Opferhilfegesetz: eine feministische Revolution?**

Das Recht

127 **Mina*: «Es spielt eine so grosse Rolle, wer dir gegenübersitzt»**

138 **Tamara Funiciello: «Es gibt mehr Frauen in meinem Umfeld, die vergewaltigt wurden, als solche, die es in Führungspositionen schaffen»**

150 **Nur acht Prozent erstatten Anzeige**

156 **Karin Keller-Sutter: «Dass es für eine Vergewaltigung keine Nötigung mehr braucht, ist ein wichtiger Fortschritt»**

166 Endnoten
169 Verzeichnis der Opferberatungsstellen
174 Die Autorinnen
175 Dank

** Pseudonym*

Vorwort
von Franziska Schutzbach

Im Jahr 1903 besuchte Leoti Blaker, eine junge Touristin, New York. Als sie mit der Postkutsche durch die Stadt fuhr, setzte sich ein Mann neben sie. Dieser liess sich vom wackelnden Wagen gegen die junge Frau drängen und legte bald auch seinen Arm um ihre Taille. Blaker zückte daraufhin ihre Hutnadel und stach auf den Mann ein, der die Flucht ergriff. In der folgenden Zeit berichteten Zeitungen über Vorfälle im ganzen Land, bei denen Frauen sich gegen öffentliche Belästigungen mit Hutnadeln zur Wehr setzten, und bald schon begann eine hitzige Debatte. Während Frauenrechtlerinnen für das Tragen von Hutnadeln zur Selbstverteidigung eintraten, berichteten verschiedene Zeitungen von der «Hatpin Peril», der «Hutnadelgefahr», und erklärten den öffentlichen Raum zur Gefahrenzone für Männer.

Es war eine Zeit, in der Frauen sich im öffentlichen Raum zunehmend Freiheiten erkämpften – indem sie etwa beanspruchten, alleine unterwegs zu sein, ohne Begleitung von Familie und Männern. Diese Freiheit wurde allerdings durch regelmässige Übergriffe immer wieder bedroht und eingeschränkt. Doch anstatt diese Übergriffe ernst zu nehmen, wurde um 1909 die Hutnadel zur internationalen Gefahr erklärt, auch Polizeichefs in europäischen Metropolen wie Hamburg, Paris oder London versuchten, die Länge von Hutnadeln zu regulieren. In Chicago und vielen anderen Städten wurden sogar Gesetze gegen das Tragen von Hutnadeln verabschiedet, während kaum etwas gegen die Belästigungen und Übergriffe unternommen wurde. An manchen Orten kam es deshalb zu Protesten, in Sydney wurden sechzig Frauen inhaftiert, weil sie sich weigerten, eine Geldstrafe dafür zu zahlen, dass sie Hutnadeln getragen hatten.

Die Hutnadel-Geschichte verweist auf ein uraltes Problem, wenn es um sexualisierte Gewalt und Belästigung geht: die

Täter-Opfer-Umkehrung und die Weigerung, Gewalt gegen Frauen als systemisches Problem anzuerkennen. In der Täter-Opfer-Umkehrung wird das Opfer implizit oder explizit für die erfahrene Gewalt verantwortlich gemacht. Oder wie beim Hutnadel-Beispiel werden die eigentlichen Täter sogar zu Opfern umgedeutet, und die Opfer wiederum erscheinen als die Aggressoren.

Natürlich sind wir im Vergleich zu 1903 an einem anderen Punkt. Frauen bewegen sich selbstverständlich im öffentlichen Raum, Übergriffe gelten als Straftat und durch breite gesellschaftliche Debatten wie MeToo und feministische Mobilisierungen ist es Betroffenen zunehmend möglich, über Gewalterfahrungen zu sprechen. Auch ist der Schutz vor sexualisierter Gewalt mittlerweile ein Thema staatlicher Politik und internationaler Menschenrechtsorganisationen – und nicht mehr «Privatsache». Diese veränderte Wahrnehmung ist vor allem der unermüdlichen Arbeit von Aktivist:innen, Journalist:innen sowie Frauenhäusern und Beratungsstellen zu verdanken. Seit den späten 1980er-Jahren sind in vielen Ländern auch umfangreiche Gesetze und auf EU- und UNO-Ebene politische Massnahmenkataloge zur Bekämpfung von Gewalt gegen Frauen entstanden. Ihre schrittweise Umsetzung war begleitet von grossen Untersuchungen zu Ausmass, Formen, Ursachen und Folgen der Gewalt.

Die Schweiz und viele andere Länder unterzeichneten 2018 die Istanbul-Konvention und verpflichteten sich damit, Gewalt gegen Frauen zu bekämpfen – allerdings bestehen in der Schweiz massive Lücken bei der Umsetzung. Ferner steht eine Reform des Sexualstrafrechts an, bei der die Zustimmungslösung – «Nur Ja heisst Ja» – das bisherige «Nein heisst Nein»-Prinzip ablösen soll. Damit soll bei strafrechtlichen Untersuchungen dem Umstand Rechnung getragen werden, dass Opfer von sexuellen Übergriffen sich oft nicht wehren können, sei es aufgrund einer körperlichen Schockstarre (Freezing), aus Angst vor noch mehr Gewalt oder aus Scham – diesen Situationen kann die «Nein heisst Nein»-Regelung nicht gerecht werden.

Diese Entwicklungen sind vergleichsweise neu. Es ist beschämend, sich daran zu erinnern, dass Vergewaltigung in der Ehe noch bis ins Jahr 2004 in der Schweiz keine Straftat war. In der damaligen Debatte zum gesetzlichen Verbot der Vergewaltigung in der Ehe waren zahlreiche Politiker noch der Meinung, zur ehelichen Pflicht der Frau gehöre die Duldung des Geschlechtsverkehrs auch ohne eigenen Wunsch. Aus diesem Grund sei es falsch, den Tatbestand der Vergewaltigung auf ehelichen Verkehr zu erweitern.

Einstellungen wandeln sich nur langsam. Auch heute zeigen umfangreiche empirische Untersuchungen in den westlichen Industriestaaten, dass das Ausmass der verübten Gewalt weiterhin hoch ist. Besonders im privaten Umfeld von Ehe oder Partnerschaft, Bekannten- und Freundeskreis laufen Frauen Gefahr, Opfer von Gewalt zu werden. Die Untersuchungen zeigen, dass die Anspruchshaltung gegenüber Frauen, sexuell verfügbar zu sein, weiterhin besteht und Vergewaltigungsmythen nach wie vor weitverbreitet sind. Ein typischer Vergewaltigungsmythos ist etwa die Annahme, Frauen würden Übergriffe durch ihr Verhalten «provozieren» oder seien selbst schuld daran, weil sie Alkohol trinken, einen kurzen Rock tragen oder sich nicht ausdrücklich wehren. Ein ebenfalls bis heute beliebter Mythos besagt, Frauen würden eigentlich Ja meinen, wenn sie Nein sagen: Eine Frau, die sich «ziert», will angeblich «erobert» werden. Solche Vorstellungen sind jahrhundertealt und lösen sich nicht in kurzer Zeit auf. Vielmehr bilden sie gewissermassen die Grundlage unserer abendländischen Kultur; das zeigen etwa die vielen patriarchalen Vorstellungen über Sexualität, Gewalt und Geschlecht in der griechischen Mythologie. In Ovids «Metamorphosen» verfolgt Apollon, der Gott des Lichts, die Nymphe Daphne. Sie flieht und versucht, zu entkommen. Er aber interpretiert ihr Nein als ein Ja. Es ist Daphnes Abweisung, so heisst es in der Erzählung, die Apollon anspornt: «Reizender macht sie die Flucht.» Wir lernen: Daphnes Verweigerung legitimiert die Vergewaltigung, der «Reiz» des Opfers ist schuld an der Gewalt des Täters.

Zuletzt ist auch bis heute die Annahme verbreitet, Frauen würden Männer fälschlicherweise beschuldigen. Nicht nur die Hutnadelträgerinnen um die Jahrhundertwende wurden als «Gefahr für die Männer» betrachtet, auch MeToo wird immer wieder als «Hexenjagd» gegen Männer verunglimpft. Allerdings zeigen die Zahlen eindeutig, dass Falschbeschuldigungen verschwindend selten sind und vor allem, das ist wichtig zu verstehen, bei Sexualstraftaten keinesfalls öfter auftreten als bei anderen Delikten. Anders ausgedrückt: Frauen, die sich wehren, wurden und werden als Gefahr eingestuft. Anstatt über die Ursachen von Übergriffen zu reflektieren oder sie zu bekämpfen, wird auch heute noch argumentiert, Frauen sollten sich doch einfach anders verhalten.

Solche Denkweisen lassen sich auch in der Justiz, bei der Polizei und in der Politik beobachten. Dieses Buch macht sich auf Spurensuche in den staatlichen Apparaten und ihren Handlungsweisen: Warum wird das Thema in den Schweizer Institutionen der Justiz und der Polizei trotz aller Fortschritte und politischer Abkommen so zögerlich aufgegriffen? Warum werden so wenige Fälle sexualisierter Gewalt überhaupt zur Anzeige gebracht? Wie kann es sein, dass Opfer oft noch immer keine adäquate Unterstützung erhalten? Miriam Suter und Natalia Widla beleuchten in diesem Buch die Lücken, Missstände, Mythen, Vorurteile und Nachlässigkeiten, die nicht nur die angemessene Unterstützung von Opfern verhindern, sondern einer systematischen Bekämpfung sexualisierter Gewalt im Allgemeinen im Weg stehen.

Ein zentraler Punkt, der einen institutionell nachhaltigen Umgang mit sexualisierter Gewalt verhindert, ist, dass diese Gewalt oft als pathologische Ausnahme und nicht als strukturelle Regel angesehen wird. Feministinnen verwiesen ab den 1970er-Jahren darauf, dass (sexualisierte) Gewalt gegen Frauen keineswegs am Rande der Gesellschaft vorkomme und auch nicht lediglich ein durch die Persönlichkeit und das Verhalten Einzelner hervorgerufenes Phänomen, sondern etwas Alltägliches sei. Das heisst, Gewalt an Frauen ist «Normverlängerung» und keine «Normverletzung», wie es die Soziologin Carol Hagemann-White formulierte. Denn letztlich ist sie Ausdruck der «normalen», also der bis heute wirksamen Geschlechterungleichheit.

Gesetzlich sind Frauen und Männer heute gleichgestellt. In der Realität ist das Geschlechterverhältnis jedoch bis heute hierarchisiert; Frauen haben zwar auf einigen Ebenen aufgeholt, trotzdem sind sie im Verhältnis zu Männern nach wie vor benachteiligt, haben weniger Geld und Ressourcen, weniger Macht, weniger Einfluss, leisten mehr unbezahlte Arbeit und befinden sich häufiger in Abhängigkeit von Männern als umgekehrt. Nicht zuletzt sind sexistische, das heisst abwertende Einstellungen und Vorurteile gegenüber Frauen nach wie vor verbreitet.

Auch internationale Massnahmenkataloge halten den Zusammenhang zwischen Geschlechterungleichheit und Gewalt in ihren Programmen mittlerweile fest: Die Istanbul-Konvention verpflichtet dazu, in die Gleichstellung im Allgemeinen zu investieren, denn ohne Gleichstellung bleiben auch Präventionsmassnahmen gegen Gewalt wirkungslos. Ein konkretes Beispiel: Da Frauen insgesamt weniger verdienen, bleiben sie oft abhängig von Männern und können folglich nicht aus gewalttätigen Beziehungen aussteigen. Die Investition in Lohngleichheit und die Verbesserung von Löhnen in so genannten «Frauenjobs», das heisst die Verbesserung der sozialen Situation von Frauen insgesamt, wäre also eine Voraussetzung für gelingende Gewaltprävention.

Da all das nun längst bekannt, formuliert und festgehalten

ist, warum wird es dann nicht oder nur zögerlich umgesetzt? Die Sozialpsychologie hat vielfach gezeigt, dass dem vorherrschenden bürgerlichen heterosexuellen Glücksversprechen die Entstehung männlicher Gewalt- und weiblicher Duldungsbereitschaft innewohnt. Eine abwertende Einstellung gegenüber Frauen ist, wie unter anderem Rolf Pohl ausführt, eine «normale» Begleiterscheinung männlicher Sozialisation, auf die dann Gewalttäter in extremer Form zurückgreifen. Die weitverbreitete abwertende Sicht auf Frauen bereitet also den Nährboden für Übergriffe. Extreme Auswüchse der Gewalt gegen Frauen oder männliche Gewaltbereitschaft sind also keine bedauerlichen Ausnahmen, sondern haben ihre Wurzeln im «Normalen», im Selbstverständlichen, und genau deshalb ist auch die anhaltende Bagatellisierung von Gewalt oder das weitverbreitete Wegsehen so gut möglich.

Der argentinisch-brasilianische Theoretikerin Rita Segato zufolge verlangt das «Mandat der Männlichkeit» vom Mann, sich ständig als solcher zu beweisen. Die Herabwürdigung der Frau, ihre Vergewaltigung und Belästigung stützt diesen Beweis der Männlichkeit gegenüber anderen Männern. «Eine Alte» zu Hause zu haben, eine «flachzulegen», zu erobern und so weiter, bestätigt den männlichen Status. Männliche Initiation muss Potenz und Macht über Frauen beweisen, und zwar muss dieser Beweis vor allem gegenüber anderen Männern erbracht werden. Selbst dann, wenn ein Täter allein handelt, machen sich in seinem Geist andere Männer bemerkbar, die ihn auffordern, stark und überlegen zu sein. Es sind, wie Segato schreibt, die «Gesprächspartner im Schatten», es ist diese Kameradschaft, die Männer fordert, auf die Probe stellt, drängt. In dieser «heterosexuellen Matrix» wird die Autonomie und Souveränität des Mannes gegenüber anderen Männern durch die Unterwerfung oder Abwertung der Frauen bewiesen.

Einer der ersten Schweizer Geschlechterforscher, Alberto Godenzi, beschrieb schon in den 1990er-Jahren, was männerdominierte Kreise und Orte mit Männern machen: Männer, die häufig in exklusiv männlichen Kreisen verkehren, neigen besonders dazu, (sexualisierte) Gewalt gegen Frauen zu bagatellisieren. Wir brauchen nicht von Männerbünden zu sprechen, es reicht, daran zu erinnern, wie gross der Druck unter Männern sein kann, es den Frauen zu zeigen, Frauen lächerlich zu machen, oder anders formuliert, wie oft Männer von Männern Unterstützung für frauenabwertende Ansichten bekommen. Je mehr Männer beieinander sind und je homogener die Zusammensetzung einer Gruppe ist (das heisst je weniger Frauen), desto grösser ist die Tendenz und der Druck, Übergriffe oder Abwertung von Frauen zu tolerieren oder gar selbst zu begehen. Schon als Kinder werden Jungen als «Pussy» oder «schwul» abgetan, wenn sie nicht bei männlichen Spielchen oder Ritualen mitmachen. Spielverderber und Verräter sind unbeliebt und werden als Nestbeschmutzer angegriffen. Wer ausschert, wird zum Aussenseiter.

Die Opfer eines solchen «Mandats der Männlichkeit» sind auch die Männer selbst. Ihr Wettbewerb, das Sich-untereinander-beweisen-Müssen ist ein permanenter Stress, der ihnen ein Leben lang eine Reihe von schmerzhaften Mutproben abverlangt, die in vielen Fällen zum frühzeitigen Tod führen. Der Auftrag, männlich zu sein, macht sie zu Aggressoren gegenüber allem Schwachen und Weichen und damit auch gegenüber sich selbst.

Wir haben es ferner mit einem historisch gewachsenen Verfügungsverhältnis zu tun, in dem Männern bestimmte Besitzansprüche über Frauen attestiert wurden. Bis vor kurzem war dieses Besitzverhältnis noch institutionalisiert, im Zuge der ehelichen Verfügung über die Frau «gehörte» die Frau quasi dem Mann, sie durfte ohne sein Einverständnis nicht arbeiten, sie konnte straffrei von ihrem Mann vergewaltigt werden, Scheidung war nur möglich mit einem Schuldspruch. Die weibliche Reproduktionsarbeit, der Körper der Frau, ihre Sexualität wurden als Eigentum des Mannes betrachtet. Diese

Situation ist gesetzlich zwar überwunden, nicht aber gesellschaftlich. Deshalb spricht die Philosophin Eva von Redecker von einem «Phantombesitz» – der Besitzanspruch wird immer noch geltend gemacht, auch wenn er gesetzlich abgeschafft ist.

Letztlich handelt es sich um eine grundlegende Struktur der Verdinglichung, die nicht nur im modernen Geschlechterverhältnis wirksam ist, sondern auch im Verhältnis zur Natur, in der Ausbeutung von Lohnarbeit und in der Geschichte von Rassismus und Kolonisierung. Es existiert also eine patriarchale und nicht zuletzt kapitalistisch-kolonialistische Prägung, die einen Anspruch auf Aneignung geltend macht und in anderen Menschen Anzueignende, zu Erobernde sieht.

Nun wird diese Struktur der Aneignung zunehmend infrage gestellt. Frauen holen auf, sie wehren sich, sind laut, entziehen sich der Verfügung und werden nicht zuletzt zu Konkurrentinnen im öffentlichen Diskurs und auf dem Arbeitsmarkt. Mit Emanzipationsschritten geht immer auch die Drohung eines Backlash einher: Frauen, aber auch queere und andere minorisierte Menschen sollen auf ihre Plätze verwiesen werden. Gleichzeitig erleben wir ökonomische Krisen, die den männlichen Status, der traditionell auch über Lohnarbeit hergestellt wird, gefährden. Der ökonomische Kollaps der Männer ist gefährlich, das wankende Patriarchat ist gefährlich. Femizide häufen sich sogar international betrachtet: Es findet ein «Krieg gegen Frauen» (Verónica Gago und Rita Segato) statt, in dem die Re-Souveränisierung von Männlichkeit in Zeiten grosser Umbrüche, tatsächlicher und befürchteter Prekarisierung und Statusverlustängsten betrieben wird.

Gewalt gegen Frauen wird also auch eingesetzt, um die heterosexistische, binär strukturierte Geschlechterhierarchie zu erhalten und männliche Vorherrschaft abzusichern oder wiederherzustellen. Der US-amerikanische Attentäter Eliot Rodger, akademischer Herkunft übrigens, tötete Frauen, weil sie seine sexuellen Ansprüche nicht erfüllten. Die 27-jährige Mary Spears wurde erschossen, weil sie sich geweigert hatte, einem Fremden ihre Telefonnummer zu geben. Wenn Frauen Nein sagen, mehr Freiheit und Unabhängigkeit beanspruchen, laufen sie Gefahr, ermordet zu werden. Besonders drastisch kommt das auch bei Erhebungen zum Ausdruck, denen zufolge die meisten Morde an Frauen im Moment einer Trennung verübt werden, wenn also eine Frau sich anmasst, die Beziehungsansprüche eines Mannes nicht mehr zu erfüllen und ihren eigenen Weg zu gehen. Gewalt gegen Frauen findet aber auch in vermeintlich harmlosen Situationen statt: Frauen, die auf Catcalling nicht reagieren oder Abneigung signalisieren, werden nicht selten beschimpft. Ähnlich verhalten sich User im Internet, wenn Frauen ihnen Aufmerksamkeit verweigern oder bestimmte kommunikative Erwartungen nicht erfüllen.

Die Perspektiven auf Gewalt im Geschlechterverhältnis haben sich in der Forschung, im Aktivismus und den gesellschaftlichen Debatten immer mehr diversifiziert, in den vergangenen Jahren sind neben Kindern auch Männer als Opfer sexueller Gewalt in den Fokus gekommen, weiter queere und trans Menschen, Menschen mit Behinderung und andere. Es braucht hier noch weitere spezifische und intersektional orientierte Forschung und Massnahmen. Eine zentrale Achse bleibt aber nach wie vor die binäre Struktur der Männergewalt gegen Frauen. Unter anderem deshalb, weil die gesellschaftliche Ordnung bis heute zentral entlang der binären Mann-Frau-Achse organisiert und konstruiert wird (auch wenn die tatsächlichen Lebenspraxen vielfältiger sind). Das heisst, die Einteilung in «weiblich» und «männlich» ist nach wie vor wirksam und produziert eine hierarchische Ordnung zwischen diesen beiden Polen und Gruppen, die spezifische Arten der Diskriminierung oder Privilegierung hervorbringt oder eben (sexualisierte) Gewalt. Diese Ordnung, dieses binär-geschlechtliche Gewaltverhältnis wirkt sich natürlich nicht auf alle Menschen gleich aus und muss in Zusammenhang mit anderen Ungleichheiten wie Rassismus, sozialen

Ungleichheiten, Behinderung und so weiter betrachtet werden, aber gleichwohl wirkt es sich eben auf *alle* aus.

Dieses Buch zeigt, warum Gewalt gegen Frauen in der Schweiz auch heute noch ein Problem ist und welche Massnahmen bei der Polizei, im Strafrecht und Strafverfahren und seitens der Politik ergriffen werden müssten, um das zu ändern. Es zeigt aber auch, welche fundierten Expertisen und Akteur:innen es heute schon gibt, die Hilfe leisten und Wissen verbreiten. Es ist deshalb nicht nur ein Buch der Kritik, sondern auch ein Buch der Ermächtigung. Es zeigt, wo und wie Frauen sich gegenseitig stützen und welche Arbeit feministische Bewegungen, NGOs, Beratungsstellen und Wissenschaftler:innen bis heute geleistet haben und noch immer leisten, damit das Problem der sexualisierten Gewalt endlich die Aufmerksamkeit und politische Sorgfalt erhält, die es benötigt.

Bibliografie

Gago, Verónica: «Für eine feministische Internationale. Wie wir alles verändern», Unrast: Münster, 2021.

Godenzi, Alberto: «Bieder, brutal. Frauen und Männer sprechen über sexuelle Gewalt», Unionsverlag: Zürich, 1989.

Hagemann-White, Carol: «Strategien gegen Gewalt im Geschlechterverhältnis. Bestandsanalyse und Perspektiven», in: *Dies.; Kavemann, Barbara; Ohl, Dagmar:* «Parteilichkeit und Solidarität. Praxiserfahrungen und Streitfragen zur Gewalt im Geschlechterverhältnis», Kleine: Bielefeld, 1997, S. 15–116.

Ovidius Naso, Publius: «Metamorphosen», lateinisch-deutsch, hg. von Erich Rötsch, Sammlung Tusculum, Artemis und Winkler: München, 1992.

Pohl, Rolf: «Feindbild Frau. Männliche Sexualität, Gewalt und die Abwehr des Weiblichen», Offizin: Hannover, 2019.

Redecker, Eva von: «Revolution für das Leben. Philosophie der neuen Protestformen», S. Fischer: Frankfurt am Main, 2020.

Schutzbach, Franziska: «Die Erschöpfung der Frauen. Wider die weibliche Verfügbarkeit», Droemer: München, 2021.

Segato, Rita Laura:
– «La guerra contra las mujeres», Traficantes de Sueños: Madrid, 2016.
– «Wider die Grausamkeit. Für einen feministischen und dekolonialen Weg», Mandelbaum: Wien, Berlin, 2021.

Warum gibt es dieses Buch?

Miriam Suter: Dieses Buch gäbe es nicht ohne ein Telefongespräch mit dem Mediensprecher einer Kantonspolizei um das Jahr 2015. Ich arbeitete damals als Redaktorin bei der «annabelle» und recherchierte zu folgendem Fall: Eine Frau wurde im Parkhaus eines Flughafens von einem ihr unbekannten Mann verfolgt und belästigt. Daraufhin wollte sie bei der Polizei Anzeige gegen Unbekannt einreichen. Auf dem Polizeiposten wurde ihr gesagt, dass der Beschuldigte – sollte er denn gefunden werden – das Recht auf Akteneinsicht habe. Das bedeutet, er würde ihren Nachnamen und ihren Wohnort erfahren. Da die Frau einen ungewöhnlichen Nachnamen hat, den es in ihrem Wohnort nicht häufig gibt, kam sie ins Zögern. Sie wollte wissen, ob es eine Möglichkeit gibt, diese Akteneinsicht zu umgehen. Die Beamt:innen auf dem Posten verneinten und fragten die Frau, ob sie dennoch Anzeige machen wolle. Sie entschied sich dagegen. Zu gross war die Angst, dass ihr der zudringliche Typ zu Hause auflauern würde.

Als Journalistin wollte ich wissen, was es mit diesem Recht auf Akteneinsicht auf sich hat und wie viele Opfer von Übergriffen wohl aus Angst vor dem Täter von einer Anzeige absehen. Meine erste Anlaufstelle war die Kantonspolizei, die für den Fall dieser Frau zuständig war. Der kommunikationsverantwortliche Beamte konnte nicht nur meine Fragen nicht beantworten, er sprach mit mir auch in einem missbilligenden Tonfall. Hier der Moment, der mir bis heute Wort für Wort in Erinnerung geblieben ist.

> «Wenn Sie mich zum Beispiel anzeigen, dann muss ich doch wissen, wo Sie wohnen.»
> *«Warum müssen Sie das wissen?»*
> «Ja, weil das mein Recht ist.»
> *«Aber was ist der juristische Grund dafür?»*

«Eben, ich muss das einfach wissen.»

«...»

«Hören Sie, Frau Suter, Sie wissen ja auch, wie Frauen sein können.»

«Nein, wie denn?»

«Wenn die ein paar Cüpli zu viel getrunken haben, dann geschieht das ja schnell.»

«Was geschieht schnell? Dass Frauen Männer anzeigen?»

«Sie verstehen schon, was ich meine.»

«Ja, ich verstehe, was Sie sagen. Und ich hoffe, dass mir nie jemand wie Sie auf dem Polizeiposten gegenübersitzt, sollte ich eines Tages einmal eine solche Anzeige einreichen wollen.»

Dieses Gespräch vergass ich über die nächsten rund fünf Jahre nicht mehr. Was ist da los bei der Polizei? Was sagt es über den ganzen Polizeiapparat aus, wenn ein Mediensprecher, der diese Institution öffentlich vertritt, sich so frauenfeindlich äussert?

Ich fing an, bei Freundinnen, die Belästigungen erlebt hatten, genauer nachzufragen: Bist du zur Polizei gegangen? Was hast du dort erlebt? Hast du dich sicher und ernst genommen gefühlt? Ich hörte mich bei Opferberatungsstellen um, tauschte mich mit betroffenen Frauen über Social Media aus und vernahm immer wieder die gleiche Geschichte: Bei der Polizei mangle es an Sensibilität gegenüber von sexualisierter Gewalt Betroffenen.[1]

Zusätzliche Motive lieferten mir die Dissertation der Juristin Nora Scheidegger[2] über den Reformbedarf des Schweizer Sexualstrafrechts und die Studie des Forschungsinstituts gfs. bern[3] im Auftrag von Amnesty International Schweiz, die sich mit der Dunkelziffer von Vergewaltigungen gegenüber tatsächlich erfolgten Anzeigen beschäftigte. Im Sommer 2020 veröffentlichte ich schliesslich zusammen mit der Reporterin Karin A. Wenger eine Recherche darüber in der «Republik».[4] Wir sprachen dafür mit Dutzenden Frauen, Opferberaterinnen, Anwält:innen – und auch, so gut es ging, mit der Polizei. Die Recherche fand derart Anklang, dass sie auf einigen Opferberatungsstellen gar ausgedruckt auflag und ich auf der Strasse auf den Text angesprochen wurde.

Aber: Sie deckte längst nicht alles ab.

Natalia Widla: In den letzten Jahren schrieb ich immer wieder journalistische Beiträge zum Thema sexualisierte Gewalt, sprach mit Betroffenen und setzte mich in verschiedenen Formen mit dem Thema Polizei und Justiz auseinander. Wiederholt bekam ich von Freund:innen, Interviewpartner:innen und Bekannten zu hören, dass sie nicht wüssten, wie sie im Fall erlebter oder hypothetischer sexualisierter Gewalt verfahren sollten. Man berichtete mir von Notrufen, auf die nicht eingegangen wurde, und von Informationen, die schlichtweg falsch waren. Ich führte Gespräche, in denen mir Personen beschrieben, wie sie sich bei Einvernahmen durch die Polizei nicht ernst genommen fühlten oder dass ihnen Fragen gestellt wurden, mit denen sie nichts anzufangen wussten, die sie verletzten, verstörten und retraumatisierten.

Was sich in der Schweiz juristisch als Frauen bezeichnete Personen teilweise anhören müssen, was sie erleben und welche beruflichen und emotionalen Strapazen sie durchmachen, bis sie nach einem Übergriff endlich die Chance haben, Gerechtigkeit zu erfahren, ist schier unvorstellbar. Dafür gibt es viele Gründe: gesellschaftliche Vorurteile gegenüber von sexualisierter Gewalt Betroffenen, Victim Blaming (auch Opfer-Täter-Umkehr genannt), Rape Culture (soziales Milieu, in dem sexualisierte Gewalt verbreitet und geduldet ist), Ressourcenknappheit bei Fachstellen und schlichtweg fehlendes Interesse und Engagement bei der Polizei, der Staatsanwaltschaft und am Gericht. Gerade der Aspekt der polizeilichen Ausbildung weckte mein Interesse. Wie kann es sein, dass so viele Menschen negative Erfahrungen machen, während die

Budgets laufend hochgeschraubt und die Lehrpläne überarbeitet werden? Liegen die Fehler bei den Institutionen, bei den Einzelnen oder doch woanders? Und sprechen wir von Strukturen oder von prominenten Einzelfällen?

Gleichzeitig wurde mir immer mehr bewusst, wie wenig präsent die Arbeit von Opferhilfestellen, deren Angebote, aber auch etwa die Ansprüche gemäss Opferhilfegesetz bei grossen Teilen der Bevölkerung bekannt sind. Dass man sich auch ohne eine Anzeige oder vor einer Anzeige bei einer Opferhilfestelle melden kann, dass die Beratung kostenlos ist, dass einem bestimmtes Recht und Ressourcen zugesprochen werden, scheinen viele schlichtweg nicht zu wissen. Warum nicht?

Immer wieder nahm ich mir vor, mich vertieft mit diesen Fragen zu beschäftigen, hinter die Fassaden von Institutionen und in die Lehrpläne von Polizeischulen zu blicken, das Opferhilfegesetz genauer zu betrachten und zumindest ein paar Antworten zu finden – und immer wieder vertagte ich dieses Vorhaben aus Ressourcengründen und weil ich eigentlich auch wusste, dass ein einzelner Artikel oder gar eine Artikelreihe diesen Fragen nicht gerecht würde.

Eines Tages im Frühjahr 2022 schlug Miriam mir vor, ein Buch zu schreiben, ich sagte sofort zu. Also haben wir gemeinsam dieses Buch geschrieben: Es ist ein weiteres Puzzleteil im Flickenteppich Schweiz in ihrem Umgang mit sexualisierter Gewalt an Frauen.

Dieses Buch konzentriert sich auf die ersten drei Berührungspunkte, denen von sexualisierter Gewalt Betroffene begegnen, wenn sie sich Hilfe holen und Anzeige erstatten möchten: die Polizei, die Opferberatungsstellen und das Sexualstrafrecht. Wir schreiben es im Herbst 2022, in einer heissen Phase in Bezug auf die Reform des Schweizer Sexualstrafrechts. Wenige Wochen vor der Abgabe des Manuskripts hat die Rechtskommission des Nationalrats für die «Nur Ja heisst Ja»-Regelung gestimmt. Diesem Entscheid voraus ging jahrelanges Engagement unter anderem von NGOs, Politiker:innen und Aktivist:innen; der grosse nationale Frauenstreik im Jahr 2019 dürfte ebenfalls eine Initialzündung gewesen sein für eine erneut erstarkte feministische Welle, die nach und nach auch das Bundeshaus erreicht. Im März 2023, wenn dieses Buch erscheint, wird hoffentlich bereits die nächste Etappe geschafft sein. Die Schweiz wäre dann das 15. europäische Land, das die sogenannte Zustimmungslösung kennt. Doch auch, wenn sich der Bundesrat für eine «Nur Ja heisst Ja»-Regelung entscheidet: Es bleibt noch viel zu tun. Eine Gesetzesanpassung bricht alte, verkrustete Strukturen nicht von heute auf morgen auf. Eine weiter reichende Veränderung ist dringend nötig.

Dieses Buch gibt es wegen derjenigen Frauen, die wir gut kennen, und derjenigen, die wir gar nicht kannten, die uns alle von ihren Erfahrungen mit sexualisierter Gewalt und dem Danach berichteten und berichten. Dieses Buch gibt es auch aufgrund unserer eigenen Erfahrungen mit sexualisierter Gewalt, mit der Opferhilfe und der Polizei, sowohl als Journalistinnen wie auch als Frauen.

Die in diesem Buch porträtierten Frauen[5] sind allesamt weiss, kommen aus der Mittelschicht und verfügen über einen Schweizer Pass. Diese und viele andere Faktoren sind limitierend, was die Generalisierbarkeit ihrer Erfahrungen betrifft. Wir sind uns bewusst, dass etwa eine migrantische Sexarbeiterin, die sexualisierte Gewalt erfahren hat, vermutlich ganz andere als die hier geschilderten Erfahrungen mit der Polizei macht.

Dass in unserem Buch fast ausschliesslich Frauen vorkommen – sowohl als Porträtierte als auch als Expertinnen in Interviews und in Form von zitierten Fachpersonen –, hat viele Gründe. In der Schweiz setzen sich viel mehr Frauen als Männer mit der Thematik auseinander, sei es im akademischen oder literarischen Bereich oder in der Forschung. Auf den Fachstellen in der Praxis arbeiten mehrheitlich Frauen, weil weibliche Betroffene sich in grosser Mehrheit lieber einer Frau anvertrauen; speziell dann, wenn sie sexualisierte Gewalt durch einen Mann erlebt haben. Des Weiteren leiden in einer patriarchalen Gesellschaft vor allem weiblich gelesene Personen unter sexualisierter Gewalt. Das ist ebenso bei häuslicher Gewalt und bei sexualisierter Gewalt an Kindern der Fall. In diesem Buch wird zudem oft von «Tätern» in der männlichen Form gesprochen. Dies deshalb, weil entsprechende Statistiken und die Erfahrungen von Fachpersonen zeigen, dass bei dokumentierten Fällen – also etwa gerichtlichen Anzeigen oder Begleitungen durch Opferberaterinnen – die Tatperson mehrheitlich ein Mann ist. Das bedeutet selbstverständlich nicht, dass Männer nicht auch Opfer von sexualisierter Gewalt werden; auch diese Übergriffe werden jedoch hauptsächlich von Männern ausgeübt. Oder wie Agota Lavoyer es in einem Interview mit der «Republik» ausdrückt. «Das vorherrschende Problem ist noch immer Männergewalt».[6] Dazu kommt, dass das Schweizer Sexualstrafrecht bis zur Reform im Jahr 2022 ungewolltes anales Eindringen nicht als Vergewaltigung anerkannte. Rechtlich gesehen gab es also bis dato keinen einzigen Mann, der in der Schweiz von einem Mann vergewaltigt wurde; das Justizsystem kannte den Übergriff als solchen ja gar nicht. Ein weiterer beachtlicher Umstand dürfte die grosse Scham sein, das gesellschaftliche Tabu, das rund um männliche Betroffene herrscht: Männer könnten ja gar nicht vergewaltigt werden, da sie Sex (der ohne Einvernahme im Prinzip gar kein Sex ist) immer geniessen, so ein verbreitetes, männerfeindliches Klischee. Das Thema sexualisierte Gewalt und der Umgang damit seitens Institutionen, Politik, Gesellschaft und Justiz muss deshalb in all seinen Facetten immer wieder neu und anders beleuchtet, untersucht und besprochen werden. Es braucht Studien, Interviews, Umfragen und Texte zu den unterschiedlichen Erfahrungen von Frauen, Männern, nonbinären oder trans Personen, zu den unterschiedlichen Erfahrungen von nichtweissen Menschen, von illegalisierten Menschen, von Menschen mit Behinderung und von Menschen mit Suchterkrankungen, mit

Vorstrafen, von Menschen in Gefängnissen, in Psychiatrien und von Menschen ohne Obdach.

Wir verstehen dieses Buch nicht als Fazit einer politischen Diskussion, sondern als weiteren Bestandteil eines gesellschaftlichen Diskurses. Die Reform des Sexualstrafrechts ist sicherlich ein wichtiger Meilenstein auf politischer Ebene; obwohl sie für Schweizer Verhältnisse schnell behandelt wurde, ein riesiger Kraftakt ist die Gesetzeserneuerung dennoch, wie Tamara Funiciello in ihrem hier folgenden Interview beschreibt. Gleichwohl müsste noch viel mehr passieren: Das unabhängige Expert:innen-Gremium des Europarats GREVIO (Group of Experts on Action against Violence against Women and Domestic Violence) hat 2022 festgestellt, dass die Schweiz zu wenig gegen geschlechtsspezifische Gewalt tut und das seit 2018 rechtskräftige Abkommen der Istanbul-Konvention nicht ausreichend umsetzt.[7] Es braucht aber auch auf gesellschaftlicher Ebene ein Nach- und Umdenken. Wir müssen uns Fragen stellen, die ungemütlich sind: Was genau definieren wir als einvernehmlichen Sex? Wann und anhand welcher Mechanismen und Vorurteile geben wir den Opfern von sexualisierter Gewalt die Schuld? Hatte ich vielleicht auch schon einmal Geschlechtsverkehr mit jemandem und war mir im Nachhinein nicht sicher, ob die Person das wirklich wollte? Und nicht zuletzt wollen wir mit diesem Buch die Frage aufwerfen, inwiefern staatliche Institutionen ihre Rolle als Sicherheitsgarant:innen innerhalb dieses Diskurses erfüllen. Wenn von sexualisierter Gewalt Betroffene einer Organisation, die zu unserem Schutz da ist, nicht genügend vertraut – ja sich teilweise sogar schämen, Anzeige zu erstatten – was sagt das über unser Verständnis eines funktionierenden Rechtsstaats aus?

Wir haben die Geschichten von drei betroffenen Frauen aufgeschrieben, uns mit Opferberaterinnen, Politikerinnen, aktiven und ehemaligen Polizistinnen und Ausbilder:innen unterhalten und uns die polizeiliche Ausbildung mit eigenen Augen angesehen.

Die Gespräche mit den drei Betroffenen sind auf deren Wunsch hin anonymisiert worden. Die in diesem Buch abgedruckten Aussagen von Interviewpartner:innen entsprechen nicht immer unseren Ansichten. Aber es war uns von Anfang an ein Anliegen, ein differenziertes Bild zu zeichnen, verschiedene Perspektiven ins Gespräch zu bringen und nicht jeden Widerspruch zu kontextualisieren. Wir überlassen es euch, liebe Leser:innen, die Aussagen und Einschätzungen zu bewerten.

Die Zeichnungen dieses Buchs stammen vom Illustrator und Graphic Designer Jacek Piotrowski. Uns beiden war Jacek vor allem aufgefallen durch seine Instagram Comics @Madame_Phila, die sexistische Zwischenfälle bebildern. Bereits nach dem ersten Gespräch war es für uns klar, dass wir in Jacek jemanden gefunden haben, der mit der nötigen Mischung aus Feingefühl, Empathie und Distanz an die Geschichten der Betroffenen herantreten würde. Die Illustrationen dieses Buchs sollen die Erzählungen der Betroffenen visuell ergänzen und Gefühle transportieren, welchen wir im geschriebenen Wort nie vollumfänglich gerecht werden können.

Triggerwarnung: In diesem Buch wird sexualisierte Gewalt teilweise sehr explizit beschrieben.

Die Polizei

Lena*: «So geht man doch nicht mit einer Überlebenden um»

Ich habe Mario* und seinen Cousin Ende September 2017 in einem Zürcher Club kennengelernt. Mario und ich haben uns gut verstanden, geflirtet und zusammen getanzt. Drinnen war es heiss und laut, irgendwann gingen wir zu zweit nach draussen, wir waren etwas betrunken. Draussen haben wir uns weiter unterhalten und uns geküsst. Ich fand das schön, ich wollte das. Später versuchte er mehrmals, mich dazu zu überreden, dass wir zusammen nach Hause gehen. Ich wollte das nicht, aber ich habe ihm meine Nummer gegeben.

Ein paar Tage später meldete sich Mario bei mir und lud mich zu einer Party am darauffolgenden Donnerstag bei ihm in der WG ein. Auch Marios Cousin schrieb mir, ich solle doch zu dieser Party kommen. Seit ich die beiden Männer im Club kennengelernt hatte, waren wir in lockerem Kontakt geblieben, und ich hatte mit ihnen mehrfach telefoniert. Marios Cousin hat mir Komplimente gemacht zu meinen Fotos auf Facebook; damals machte ich Pole-Dancing, und er schrieb mir, wie gut ich dabei aussehe. Das hat mir natürlich geschmeichelt. Trotzdem fand ich die Idee seltsam: Ein erstes Wiedersehen bei Mario zu Hause, ausserdem noch mit anderen Leuten. Es ist bizarr, das heute zu sagen, aber eigentlich hatte ich damals schon ein schlechtes Bauchgefühl. Als würde etwas nicht stimmen. Ich hatte über all die Jahre aber verlernt, darauf zu hören. Ich habe in meinem Leben immer wieder sexualisierte Gewalt erlebt. Und ich merke rückblickend je länger, je mehr, dass ich damals wohl auch deshalb einfach einen sehr geringen Selbstwert hatte und Entscheidungen traf, die nicht gut für mich waren.

An diesem Donnerstagabend im Oktober machte ich mich auf den Weg zur Party in Marios Wohnung. Als ich bereits auf dem Weg war, rief Mario mich an und sagte, ich solle doch noch eine Flasche Rum mitbringen. Ich war nervös, aber ich habe das als Aufregung abgetan, weil ich zu jemandem nach Hause ging, den ich gerade erst kennengelernt hatte. Meine beste Freundin sagte zu mir, sie habe ein schlechtes Bauchgefühl, ich solle besser nicht dorthin gehen. Damals habe ich mir gesagt: Die will mir einfach meinen Spass ausreden, nur weil mir früher schlimme Dinge passiert sind. Davon lasse ich mich doch nicht definieren, ich muss in die Zukunft schauen. Heute, nach jahrelanger Therapie, ist mir klar: Ich konnte mich selbst nicht schützen. Ich hatte den entsprechenden Filter gar nicht mehr. Und ich hätte wohl auf meine Freundin hören sollen, auf mich selbst hören sollen. Aber ich war dazu einfach nicht in der Lage.

Auf einem Bahnhof in der Stadt musste ich umsteigen, da rief Mario mich nochmals an. Im Hintergrund hörte ich Stimmen, die mir bekannt vorkamen. Es stellte sich heraus, dass es zwei Bekannte von meinem Ex-Freund waren, ich sprach auch kurz mit ihnen am Telefon. Dieser Ex-Freund hatte mich betrogen und die beiden Männer haben mir das damals gesagt. Es beruhigte mich, zu wissen, dass sie auch dort sind. Ich dachte mir: Wenn die beiden auch an der Party sind, dann wird mir sicher niemand etwas antun. Mario sagte dann, sein Cousin werde mich mit dem Auto an der Bushaltestelle abholen, es sei zu weit, um allein zu laufen. Der Cousin wartete schon auf mich, als mein Bus ankam. Während ich einstieg, nahm er meine Einkaufstüte mit dem Rum und warf sie total lieblos nach hinten auf die Rückbank. Ich habe mich sofort unwohl gefühlt, aber es war zu spät, um auszusteigen. Er wirkte alkoholisiert und aggressiv, fuhr schnell und liess laute Musik laufen. Trotzdem versuchte er, sich mit mir zu unterhalten. Er fragte mich ziemlich üble Sachen. Wie oft ich es mir selber mache, worauf ich im Bett stehe und so. Ich sagte ihm mehrfach, dass ich das nicht beantworten will, ich sei nur wegen Mario gekommen. Er entgegnete, er höre erst auf, mich zu fragen, wenn ich ihm antworte. Also habe ich das getan. Ich hatte in diesem Moment auch einfach Angst und wollte nur noch zu Mario. Ich dachte, dann wird sicher alles gut.

Nach einer etwa fünfzehnminütigen Fahrt kamen wir bei Marios Wohnung an. Später habe ich herausgefunden, dass diese Busstation bloss drei Minuten zu Fuss von der Wohnung entfernt ist. Ich glaube bis heute, dass diese Autofahrt dazu diente, mich zu verwirren. Aber das kann ich natürlich nicht beweisen. Als wir ins Wohnzimmer kamen, begrüssten mich ein paar der Gäste, es waren vielleicht zehn, fünfzehn Leute da, auch Frauen. Alle waren schon etwas angetrunken, sie spielten auf der Playstation. Mario habe ich zuerst nirgends gesehen. Ich setzte mich aufs Sofa, etwas weiter neben mir sass Arvin*. Jemand sagte zu mir: «Ah, setzt du dich neben ihn?» Ich fragte, warum ich das denn nicht tun sollte. «Ja, er ist ein ruhiger Typ, aber eigentlich ist er total schlimm», war die Antwort unter Gelächter. Ich wusste in dem Moment nicht, was ich damit anfangen sollte, und antwortete: «Ich bin auch eine Ruhige, und stille Wasser sind tief, dann passt es ja eigentlich ganz gut.» Arvin blieb ruhig sitzen und sagte nichts. Ich konnte nicht genau einschätzen, wie die Aussage seines Kumpels auf ihn wirkte. Aber er schien nicht schockiert und korrigierte ihn auch nicht.

Im Nachhinein ist mir natürlich alles klar. Aber damals fand ich das seltsam. Ich wusste auch nicht genau, worüber ich mich unterhalten sollte. Später kam Mario ins Wohnzimmer, irgendwann assen wir Lasagne, die Leute waren in der ganzen Wohnung verteilt, es war ein Durcheinander. Eine typische Situation halt, bevor man wirklich ausgeht.

Ich trank zwei Gläser Rum mit Cola, ich habe sie mir selbst gemischt. Diese Details waren später für die Polizei sehr wichtig. Der Abend zog sich dahin und Mario wollte irgendwann mit mir ins Schlafzimmer. Schon bevor ich in der WG angekommen war, hatte ich mir innerlich die Frage beantwortet, wo in dieser Nacht meine Grenzen sind. Das habe ich mir in dieser Zeit immer bewusst überlegt, bevor ich ausging, weil ich im Moment selbst oft Entscheidungen nicht treffen konnte, die gut für mich waren. Ich hatte an diesem Abend beschlossen, dass Rumknutschen in Ordnung wäre, aber mehr nicht. Eigentlich wollte ich nicht mit jemandem schlafen, den ich gerade erst kennengelernt hatte. Ich folgte Mario ins Schlafzimmer, setzte mich neben ihn auf das Bett und er küsste mich. Ich fand das schön und wollte das auch. Er fing an, mich zu berühren, und ich habe mich wohlgefühlt mit ihm. Deshalb hatten wir dann doch Sex, und der war einvernehmlich.

Was mir aber sicher nicht gefallen hat, war, dass Marios Cousin ständig ins Zimmer reinkam. Da waren immer noch Leute im Wohnzimmer und in der restlichen Wohnung verteilt, und ich wollte auf keinen Fall, dass mich sein Cousin nackt sieht. Das habe ich auch so gesagt. Sowohl zu ihm als auch zu Mario. Aber der Cousin ging nicht darauf ein und betrat das Zimmer vier- oder fünfmal, während wir Sex hatten. Dass wir das Zimmer abschliessen könnten, hat sich niemand von uns überlegt. Heute weiss ich nicht mehr genau, weshalb das kein Thema war. Nachdem wir fertig waren, lag ich nur mit einer Unterhose bekleidet unter der Bettdecke. Mario ging kurz auf die Toilette und danach eine Zigarette rauchen, zum Balkon gelangte er über ein anderes Zimmer. Während ich auf ihn wartete, kam plötzlich sein Cousin ins Zimmer und schloss die Tür ab. Ich erschrak und fragte ihn, was das soll, ich hätte doch deutlich gemacht, dass ich nur wegen Mario hier sei. Er kam auf das Bett zu und riss mir die Bettdecke weg, sodass er meine Brüste sehen konnte. Da wurde mir klar, worauf das hinauslaufen sollte. Ich dachte mir: Der will dich jetzt vergewaltigen. Ich riss die Bettdecke wieder an mich und sagte, er soll mich in Ruhe lassen. Er erwiderte, er habe noch nie mit einer dünnen Frau geschlafen, ich solle jetzt nicht so tun. Ich hatte so grosse Angst vor ihm.

Ich wusste: Wenn ich mich jetzt zu stark wehre, dann schlägt er mich oder tut mir noch Schlimmeres an. Aber wenn ich mich zu wenig wehre, dann lässt er mich hier nicht mehr raus. Mein Handy ist in einem anderen Raum und die Wohnung zu weit oben, als dass ich aus dem Fenster springen könnte. Das alles ging mir durch den Kopf. Ich habe auf den Cousin eingeredet, er solle mich rauslassen. Dass ich es niemandem sagen würde, wenn er mich jetzt gehen liesse. Das hat aber nichts geholfen, also fing ich an, um Hilfe zu schreien. Marios Cousin wurde einerseits noch wütender, war aber auch verunsichert. Das lief etwa eine Viertelstunde so, aber angefasst hat er mich nie. Irgendwann kam Mario zurück und fragte, was hier los sei. Ich fing an zu weinen, aber ich war beruhigt, weil Mario jetzt da war. Die beiden Männer haben kurz miteinander gesprochen und Mario meinte, es sei besser, wenn sein Cousin jetzt geht. Dieser verliess schliesslich die Wohnung und ging mit den anderen in eine Bar. Später habe ich ihn wegen Freiheitsberaubung angezeigt. Aber das ist nicht das Schlimmste, was mir an diesem Abend widerfahren ist.

Mario sagte zu mir, ich könne bei ihm bleiben, wenn ich möchte. Ich ging davon aus, dass wir jetzt allein seien. Und ich hatte mich darauf eingestellt, die Nacht mit ihm zu verbringen. Ich wollte auch ein wenig herunterfahren, mich davon erholen, was gerade passiert war. Und nochmals, das ist mir wichtig: In dieser Zeit war ich nicht ich selbst. Ich war nicht in der Lage, richtig einzuschätzen, was da soeben geschah oder wie gefährlich die ganze Situation für mich wurde. Wer mehrere traumatische Erfahrungen gemacht und diese noch nicht verarbeitet hat, hat einfach einen anderen, viel schwächeren Filter für solche Erlebnisse. Also blieb ich. Ich fühlte mich auch wieder wohl, nachdem Marios Cousin die Wohnung verlassen hatte. Ich ging ins Bad, schminkte mich ab und putzte mir die Zähne. Dann ging ich zu Mario ins Schlafzimmer und legte mich neben ihn ins Bett. Wir hatten dann noch einmal einvernehmlichen Sex, ich lag auf dem Rücken und konnte mich endlich ein bisschen besser entspannen. Im Nachhinein meine ich mich daran erinnern zu können, dass ich ein Geräusch hörte. Heute denke ich, es war die Tür, die jemand geöffnet hatte. Aber damals, in diesem Moment, habe ich das nicht richtig mitgeschnitten. Wenn man Sex hat, achtet man ja nicht wirklich auf das Drumherum. Ich hatte die Augen geschlossen, ich genoss es.

Plötzlich spürte ich etwas an meinen Lippen und dachte, das sei Marios Finger. Deshalb öffnete ich meinen Mund etwas weiter. Bis ich realisiert habe, dass das kein Finger ist, sondern ein Penis. Noch nie in meinem Leben hatte ich einen solchen Schock. Ich konnte mich nicht mehr bewegen, mein Körper war wie aus Blei, eine Tonne schwer. Ich weinte. Aber ich wusste: Lena, jetzt musst du dich wehren. Du darfst nicht mehr zulassen, dass dir solche Dinge passieren. Ich war so wütend, dass es mir nicht sofort gelang, mich zu widersetzen. Ich schlug die Augen auf und sah, dass Arvin neben dem Bett stand und mir seinen Penis in den Mund schob. Auch Mario hatte Arvin zuerst wohl nicht bemerkt, es geschah ja innerhalb weniger Sekunden. Aber für mich fühlte es sich an wie endlose Minuten. Ich stiess Mario von mir weg und schrie Arvin an. Er lachte nur dreckig, obwohl er sah, dass ich weinte. Er knöpfte seine Hose zu und sagte: «Jetzt mach nicht so ein Theater, ist doch nicht schlimm». Mario war total verwirrt und sagte zuerst gar nichts. Dann meinte er: «Ach komm, wir können doch einfach weitermachen, sonst habe ich ein Kondom für nichts verschwendet.»

Erst in diesem Moment wurde mir endlich bewusst: Heute Abend sind schlimme Sachen passiert. Richtig schlimme Sachen. Ich mache überhaupt kein Theater. Ich konnte richtiggehend spüren, wie sich in meinem Körper ein neues Trauma bildete. Arvin verliess das Zimmer. Mario wollte mit mir noch einen Film schauen. Ich war immer noch im Bett und völlig unter Schock. Mario liess dann tatsächlich einen Film laufen, in dem es darum geht, dass eine Frau von ihrem eigenen Ehemann vergewaltigt wird. Ich dachte, ich spinne. Ich wollte nur noch allein sein und warf Mario aus dem Zimmer. Er sagte: «Mein Gott, also gut, ich schlafe im Wohnzimmer. Ich kann sowieso nicht neben einer Frau schlafen.» Dann liess er mich im Schlafzimmer zurück. Ich hatte keine Ahnung, was ich tun sollte. Ich hatte solche Angst und fühlte mich eklig. Und dann kam Arvin wieder ins Zimmer, legte sich neben mich ins Bett und wollte mit mir zusammen den Film weiterschauen. Der absolute Horror. Als ich Mario rief, sagte dieser bloss, er wolle jetzt schlafen, er müsse am nächsten Morgen früh aufstehen. Da schaltete es bei mir endlich: Ich muss weg.

Es war bereits nach Mitternacht, unter der Woche. Ich suchte mein Handy und schrieb einem Freund auf Whatsapp: «Ich glaube, es ist gerade etwas sehr Schlimmes passiert.» Er antwortete, dass ich die Wohnung verlassen solle, und riet mir, eine Anzeige zu machen. Eigentlich wollte ich in diesem Moment schon die Polizei rufen. Ich dachte mir: Wenn ich direkt aus der Wohnung anrufe, dann glauben sie mir vielleicht eher. Ich hätte mich ja im Badezimmer verstecken können. Aber ich habe mich nicht getraut.

Ich sagte zu Mario, dass ich einfach nur wegwolle von hier. Ich zog mich an, packte meine Sachen und versuchte, die Wohnungstür zu öffnen. Die war abgeschlossen, Mario suchte einen Schlüssel; zuerst behauptete er aber minutenlang, dass es keinen Schlüssel gebe. Da explodierte irgendetwas in mir. Ich schrie Mario an, dass mir schon mein ganzes Leben immer wieder Schlimmes passiere, und ob er sich bewusst sei, dass das, was er und Arvin heute Abend gemacht hätten, genauso schlimm sei und ausserdem strafbar. Ich schrie, er solle mich jetzt rauslassen. Irgendwann rückte er endlich den Schlüssel raus und ich konnte die Wohnung verlassen. Ohne mich zu verabschieden, rannte ich nach draussen in die Nacht. Ich telefonierte zuerst mit dem Freund, der mir gut zuredete. Dann rief ich die Polizei an und sagte am Telefon: «Ich glaube, ich bin gerade vergewaltigt worden.»

Erst als ich schon einige Meter von der Wohnung entfernt war, setzte ich meine Brille auf; erst da realisierte ich, dass es regnete, weil meine Brillengläser beschlugen. Und ich begriff:

Ich bin hier allein, mitten in der Nacht. Ich war noch immer in einem Schockzustand. All das Adrenalin, das sich vorher aufgebaut hatte, verliess meinen Körper. Und die Polizei war noch nicht da. Ich rannte zur Kreuzung, die ich der Polizei am Telefon genannt hatte. Als ich dort stand und wartete, hörte ich aus der Ferne ein Auto heranrasen. Ich hatte eine Wahnsinnsangst, weil ich dachte: Jetzt holen sie mich. Jetzt nehmen sie mich mit, zurück in die Wohnung, jetzt werde ich eine Gruppenvergewaltigung erleben. Aus dem Auto kam laute Hip-Hop-Musik, ähnlich wie die, die am Anfang des Abends im Auto von Marios Cousin gelaufen war. Bevor das Auto in die Kreuzung einbog und auf mich zukam, versteckte ich mich hinter einem Elektrizitätskasten. Wenn ich an diese Nacht denke, dann sehe ich mich selbst von aussen, wie ich meine Tasche zwischen die Knie klemme und hinter diesem Kasten am nassen Boden kauere. Ich zitterte am ganzen Körper. Ich war überzeugt: Jetzt sterbe ich. Das ist die Nacht, in der mein Leben beendet wird. Aber das Auto fuhr zum Glück vorbei. Ich weiss bis heute nicht, wer darin sass.

Ich schaffte es gerade noch rechtzeitig zur Kreuzung, als der Polizeiwagen heranfuhr. Ich rannte auf das Auto zu und klopfte an die Fensterscheibe. Sagte, dass ich sie gerufen habe. Die Beamten, zwei Männer, liessen mich einsteigen und wir fuhren zu einer Tankstelle. Wir stiegen aus und einer der Polizisten sagte zu mir, ich solle hier im Trockenen zuerst einmal erzählen, was passiert ist. Wir fuhren also nicht aufs Revier. Ich schämte mich wahnsinnig für das, was ich erlebt hatte. Ich erzählte, dass ich bei jemandem zu Hause gewesen war und dort einvernehmlich Sex hatte. Und dass danach etwas passiert ist, das sehr schlimm für mich war und ich nicht wollte. Ich weiss, dass ich noch mehr erzählt habe, aber ich kann mich nicht mehr erinnern, was genau. Auch diese Szene sehe ich heute wie von aussen, wie in einem Film. Und dann sagte einer der Polizisten zu mir: «Also, wenn diese Männer jetzt weg sind, dann sind Sie ja nicht mehr in Gefahr und können nach Hause gehen. Wir gehen jetzt auch.» Ich schaute ihn an und fragte: «Im Ernst? Es ist unter der Woche, nach Mitternacht, es regnet in Strömen und mir ist gerade etwas sehr Schlimmes passiert! Können Sie mich nicht wenigstens nach Hause fahren?» Er entgegnete: «So etwas machen wir nicht, wir sind von der Polizei, dafür sind wir nicht zuständig.»

Ich war fassungslos und bat sie, mich wenigstens zum nächsten Taxistand zu fahren. Das taten sie dann auch. Von dort aus nahm ich ein Taxi zum nächsten Bahnhof. Im Zug schrieb ich meiner Schwester, dass mir etwas Schlimmes passiert sei. Ich telefonierte auch noch einmal mit dem Freund. Als ich um etwa zwei Uhr morgens zu Hause ankam, putzte ich mir sehr lange die Zähne, duschte zweimal heiss und zog mir frische Kleidung an. Und dann setzte ich mich aufs Bett und starrte ins Leere, wie bereits als Kind, nachdem mir etwas angetan worden war. Ich konnte unmöglich schlafen in dieser Nacht. Irgendwann wurde es hell draussen. Meine Schwester schrieb mir, ich solle mich bei meinem Psychiater melden, bei dem ich schon seit Jahren in Behandlung bin. Ich bekam bei ihm sogleich einen Notfalltermin. Ein paar Stunden später versuchte ich, mich zusammenzureissen. Etwas zu essen. Ich nahm ein paar Bissen von einem Gipfeli. Aber ich konnte nicht, mir wurde sofort schlecht, weil ich den Penis wieder in meinem Mund spürte. Dieses Gefühl, nicht essen zu können, hat sich über die nächsten Jahre hingezogen. Darum bin ich auch heute noch so dünn.

Mein Psychiater bestärkte mich darin, Anzeige zu erstatten, und machte für mich einen Termin bei der Polizei aus. Er sorgte dafür, dass die Beamt:innen bereits im Bild waren über die Situation, die ich erlebt hatte, und er gab auch an, dass ich von einer Frau einvernommen werden wollte. Dafür bin ich ihm bis heute dankbar. Die Polizistin, die mich befragte, war nett. Diese Einvernahme dauerte drei Stunden und es war sehr anstrengend für mich, alles zu erzählen, weil die Tat erst wenige Stunden her war. Zum Schluss sagte die Polizistin zu mir:

«Das ist eine Anzeige gegen Unbekannt. Bitte versuchen Sie doch, die Namen herauszufinden.» Das habe ich gemacht, ich habe alle Angaben, die ich finden konnte, an die Polizei weitergeleitet, habe Screenshots gemacht von den Facebook-Profilen der Männer. Ein paar Wochen später erhielt ich die Vorladung zu meiner zweiten Einvernahme, dort stand der richtige Name, die Anzeige richtete sich also nicht mehr gegen Unbekannt. Ich gehe daher davon aus, dass meine Screenshots geholfen haben – aber eine Antwort darauf, ob die Angaben weiterverfolgt wurden, hatte ich damals trotz mehrmaliger Nachfragen nie erhalten.

Der Prozess gegen Arvin läuft jetzt schon seit einigen Jahren. Es war kein einmaliger Vorfall, es sind weitere Klagen wegen Nötigung und Vergewaltigung gegen ihn hängig. Jetzt haben meine Anwältin und ich vor dem Obergericht einen Etappensieg erreicht. Arvin wurde in erster Instanz wegen Schändung schuldig gesprochen, fechtete das Urteil aber an. Seine Anwältin plädierte auf sexuelle Belästigung, doch das Obergericht trat darauf nicht ein. Ich kann mir gut vorstellen, dass Arvin sogar vors Bundesgericht gehen will.

Mein Leben war bereits vor seiner Tat kein einfaches. Wegen all der Dinge, die mir früher schon angetan wurden. Arvins Anwältin hat vor Gericht übrigens fein säuberlich ausgebreitet, dass ich schon als Kind missbraucht wurde, und fragte sich, ob ich vielleicht deshalb sensibler als andere auf solche Übergriffe reagieren würde und sie nicht richtig einordnen könnte. Das muss man sich einmal vorstellen.

Aber ich werde weiterkämpfen. Ich will nicht, dass andere Frauen das Gleiche erleben müssen. Ich will, dass sich endlich etwas ändert. Die Gesellschaft, das Gesetz.

Für mich ist momentan das Schlimmste, dass ich im laufenden Verfahren immer wieder in allen Details an diese Nacht erinnert werde. Als hätte ich nicht schon genug damit zu kämpfen. Als hätte ich sie nicht schon mehrmals sehr ausführlich geschildert, bei der Polizei und bei der Staatsanwaltschaft. Man kann sich das fast nicht vorstellen, was man als Opfer durchmachen muss, bis man es selbst erlebt. Nicht nur kann ich seit Jahren nicht damit abschliessen, was mir angetan wurde; ich muss es immer und immer wieder erzählen und hören. Bei meinem Termin vor dem Obergericht wurde eine Viertelstunde darüber referiert, wie lange und wie tief Arvins Penis in meinem Mund war. Ob ich daran gesaugt oder nur gelutscht habe. So geht man doch nicht mit einer Überlebenden um.

Das (anfängliche) Schweigen der Polizei

Über polizeiliches Fehlverhalten journalistisch zu berichten, gleicht, gelinde gesagt, einer emotionalen Achterbahnfahrt. So verhält es sich auch im Fall der Aufarbeitung von Lenas Erlebnis. Wir haben Lena wiederholt zu langen Gesprächen getroffen, haben einer ihrer Gerichtsverhandlungen beigewohnt und waren über Monate hinweg immer wieder in Kontakt mit ihr. Und jedes Mal hat sie uns ihren Fall stringent erzählt, jedes Mal stimmten alle Details überein. Auch den Vorfall mit den beiden Polizeibeamten in der Nacht des Übergriffs hat sie uns mehrfach einheitlich geschildert. Wir haben keinen Grund, ihr nicht zu glauben.

Seit Jahren beschäftigen wir uns mit Fällen von Polizeigewalt und internem Fehlverhalten. Mal handelt es sich um schwerwiegende Missachtungen, mal um Lappalien. Eines aber zieht sich durch unsere ganze journalistische Arbeit auf diesem Gebiet: Einfach ist die Angelegenheit nicht, im Gegenteil. Oft stösst man auf eine Wand des Schweigens. Dies bestätigten auch die Gespräche, die im Jahr 2021 im Rahmen der Reportage «Wer sich über die Polizei beschwert, ist selber schuld» für die «Republik» geführt wurden[8]. In vielen Korps herrsche ein Klima der Angst, erzählte damals der Basler Rechtsanwalt Christian von Wartburg: Droht einem Polizisten, einer Polizistin eine strafrechtliche Anzeige, steht vieles auf dem Spiel. Im schlimmsten Fall verliert die angezeigte Person den Job. Die Anforderung an den Polizeiberuf ist es, zu hundert Prozent fehlerfrei zu arbeiten. Und die Identifikation mit der Arbeit ist extrem hoch.

Aus journalistischer Sicht scheint es oft so, als würde eine Fehlerkultur bei der Polizei vielerorts praktisch nicht existieren. Generell stellten wir je länger, je mehr fest: Institutionen wie etwa Polizeischulen verhalten sich zugänglicher als die

Korps oder die interkantonalen Konferenzen. Zudem: Bei einer internen Abklärung gegen Kolleg:innen auszusagen, widerspricht dem so genannten Korpsgeist. Polizist:innen schützen einander, dieses Phänomen nennt man Blue Wall of Silence oder Cop Culture. Es herrscht offensichtlich ein Klima der Angst, sodass Fehler kaum eingestanden werden. Schon gar nicht gegenüber Journalist:innen.

Wollen sich von polizeilichem Fehlverhalten Betroffene wehren, landen sie am Schluss oft selbst auf der Anklagebank. Rolf Zopfi von der unabhängigen Menschenrechtsorganisation Augenauf in Zürich führte 2021 gegenüber der «Republik» aus: «Es ist ein Problem, dass Betroffene von Fehlverhalten der Polizei oft selbst mit einer Anzeige rechnen müssen.» Augenauf rate solchen Betroffenen teilweise sogar explizit davon ab, Anzeige gegen Polizist:innen einzureichen – weil die Chancen, Recht zu bekommen, so gering sind. Der Kontrollapparat für die Polizei ist in den meisten Fällen übrigens sie selbst: Der Rechtsdienst für Beschwerden ist der Polizei angegliedert. Unabhängige Beschwerdestellen, die sich auf polizeiliches Fehlverhalten spezialisieren, gibt es in der Schweiz – bis auf den Kanton Genf – praktisch nirgends. Und Ombudsstellen, an die sich Betroffene alternativ wenden können, dürfen keine juristischen Mittel ergreifen. Es bleibt also nur, die Beamt:innen bei der Polizei anzuzeigen. Ein aussichtsloser Teufelskreis.

Die Konfrontation: ein Drama in drei Akten

Lena hatte in jener Nacht die Polizei gerufen. Bereits am Tag darauf, als sie bei der Kommunalpolizei Anzeige einreichte, wurde ihr aber gesagt, aus dieser Nacht sei kein Notruf verzeichnet. Dabei müssten alle Notrufe in der Schweiz in einem polizeiinternen Rapportsystem zu finden sein. Lena wurde gefragt, ob sie sicher sei, dass sie wirklich angerufen habe; notabene wenige Stunden nach dem Übergriff und im Schockzustand. «Es fing schon dort an, dass sie mir das Gefühl gaben, mir nicht zu glauben», erzählte sie uns. Dieses Detail machte uns stutzig. Polizeiintern schien es so, als habe dieses Ereignis nie stattgefunden. Wir wollen trotzdem wissen, was die zuständigen Behörden zu Lenas Geschichte zu sagen haben und wie sie das Verhalten der beiden Polizisten beurteilen.

Die Kontaktaufnahme: Wir schicken eine E-Mail an die zuständige Polizeistelle sowie die interkantonalen Konferenzen, die regionale Polizeischule und den zuständigen Sicherheitsdirektor des Kantons, in der wir Lenas Fall sowie unser Buchvorhaben kurz schildern und um eine Stellungnahme bitten. Wir beschreiben, wie die junge Frau mitten in der Nacht von zwei Polizeibeamten nicht nach Hause gefahren wurde, obwohl sie angab, dass sie kurz zuvor sexualisierte Gewalt erfahren hatte. Dass man ihr daraufhin sagte, es sei nicht Aufgabe der Polizei, sie nach Hause zu bringen. Wir wollen wissen, wie dieser Vorfall eingeschätzt wird – und mit welchen Konsequenzen die zuständigen Beamten hätten rechnen müssen, wenn Lena dieses Erlebnis bei der zuständigen Rechtsabteilung gemeldet hätte.

Die erste Antwort:. Keine fünfzehn Minuten nach dem Absenden der Nachricht ruft ein Mediensprecher der zuständigen kantonalen Polizeistelle an. Er eröffnet das Gespräch mit der Aussage, dass man sich entscheiden müsse, ob man Journalistin oder Buchautorin sei. Als Buchautorin könne man schliesslich nicht einfach solche «Vorwürfe» in den Raum stellen. Und als Journalistin müsse man diese sorgfältig prüfen. Auf die Entgegnung, dass man genau Letzteres hiermit tue, antwortet er: Er könne zu diesem Vorwurf bloss sagen, dieser Vorfall habe nicht stattgefunden. Wir fragen nach, auf welche Informationen er diese Aussage stütze. Er bemerkt: «Aus dieser Nacht gibt es keinen Rapport.» Mehr könne er dazu nicht sagen, und wenn das nicht reiche, dann solle sich die Betroffene an die Rechtsabteilung der Polizeistelle wenden.

Nach dem Telefongespräch schickt der Beamte eine E-Mail:

«Wenn dieses Mail als Beschwerde zu verstehen ist, steht es der geschädigten Person frei, eine solche einzureichen. Sie als Drittperson werden wiederum keine weiterführenden Informationen zu einem konkreten Fall erhalten.»

Die zweite Antwort: Einen Tag später erreicht uns eine E-Mail von einem anderen Beamten der Kommunikationsstelle desselben Polizeipostens. Er erklärt, er finde aus der erwähnten Nacht keinen Hinweis auf einen derartigen Einsatz, und führt aus, woran das liegen könnte: dass zum Beispiel eine Streife der Kommunalpolizei im Einsatz gewesen war und nicht die Kantons- oder Stadtpolizei. Oder aber daran, dass das Datum des Vorfalls mehr als fünf Jahre zurückliege und sich damit jenseits der gesetzlichen Löschfrist für verzeichnete Notrufe befinde. Er bedauere, uns nicht weiterhelfen zu können. Wir stellen einige Nachfragen per E-Mail und werden wenige Minuten später angerufen.

Wir wollen wissen, welche Konsequenzen ein solcher Fall denn für die Polizist:innen hätte, wenn man davon ausgeht, dass er so stattgefunden hat, wie von Lena geschildert. Der zuständige Beamte erklärt es uns ausführlich und geduldig: Geht eine entsprechende Beschwerde ein, werden als Erstes die betroffenen Beamt:innen sowie ihre Vorgesetzten im Korps konfrontiert. Es gibt eine Anhörung und eine interne Aufarbeitung. Sollte tatsächlich ein Fehlverhalten festgestellt werden, so könne dies verschiedene Konsequenzen haben, je nach Schwere des Vorfalls. Diese Konsequenzen reichen von Verwarnungen über Beförderungssperren und entsprechende Weiterbildungskurse bis hin zu Entlassungen. Beschwerden von aussen würden durchaus ernst genommen und es sei dem Korps ein grosses Anliegen, dass der Dienst der Polizei nach bestem Gewissen ausgeführt wird, und zwar von allen Beamt:innen.

Der zuständige Sicherheitsdirektor reagiert überhaupt nicht auf unsere Anfrage, der zweite Beamte der Kommunikationsabteilung warnte uns am Telefon bereits vor, dass er keinen Grund sehen wird, Stellung zu beziehen. Weil eben: Es gibt keinen Rapport aus dieser Nacht, also offiziell keinen Vorfall. Auch bei der Konferenz der Kantonalen Justiz- und Polizeidirektorinnen und -direktoren (KKJPD), der Konferenz der Kantonalen Polizeikommandantinnen und -kommandanten (KKPKS) sowie der Zürcher Polizeischule ZHPS hatten wir kein Glück: Die Medienverantwortliche der KKPKS schrieb, als interkantonale Konferenz äussere sich die Institution nicht zu einem konkreten Einzelfall. Die Sekretariatsleiterin der KKJPD versprach zwar, dass sich die zuständige Person melden werde – wir haben jedoch trotz Nachfrage nie mehr etwas gehört. Und ein Dienstchef-Stellvertreter und Klassenleiter der ZHPS schrieb, wir sollen uns mit unserem Anliegen an die zuständige Kantonspolizei wenden. An dieser Stelle erklären wir die «Aufklärung» des Falls als abgehakt. Wir werden eines Besseren belehrt.

Die dritte Antwort: Zwei Tage später klingelt das Telefon. Am anderen Ende: eine weitere Verantwortliche der Kommunikationsabteilung der zuständigen Kantonspolizei. Sie entschuldigt sich und erklärt, dass sie zuerst ein wenig recherchieren musste, bevor sie sich meldete. Sie habe den Fall aus dieser Nacht im System gefunden und mit den beiden Beamten, die Lena damals aufgegriffen haben, gesprochen.

Was für ein Handlungswechsel.

Die Beamtin führt aus, dass die beiden Polizisten sich nicht nur an den Fall erinnerten, sondern auch den Notruf, der in der Zentrale eingegangen war, zeitlich richtig verorten konnten. Den Notruf also, der zu Beginn dieser Nachforschungen gar nicht erst verzeichnet und später wiederum aufgrund verstrichener Frist gelöscht worden war. Die Polizisten erzählten der Beamtin, dass die junge Frau damals nicht erwähnt habe, dass es sich um ein Sexualdelikt handelte. Sondern «lediglich», dass sie von Männern in deren Wohnung eingesperrt worden sei. Andernfalls hätten die zwei Polizisten selbstverständlich sofort die Kolleg:innen des zuständigen Pikettdienstes gerufen, die sich um Fälle von sexualisierter Gewalt kümmern.

Wir möchten wissen, ob es denn nicht angebracht gewesen wäre, die traumatisierte Frau mitten in der Nacht nach Hause zu fahren. Die Beamtin am Telefon antwortet, es sei nicht üblich, dies zu tun – auch deshalb nicht, weil der Wohnort der Frau ausserhalb des Einsatzgebietes der beiden Polizisten liege und die Begleitung eine lange Autofahrt bedeutet hätte. Und immerhin sei sie ja zu einem Taxiposten gefahren worden.

Lena hat ihr Erlebnis mit den beiden Polizisten dieser Nacht nicht weiterverfolgt und sich nicht an den Rechtsdienst gewendet. Verständlich, nach einem sexualisierten Übergriff hat für die meisten Betroffenen gewiss anderes Priorität. Was sich in dieser Nacht mit den beiden Polizisten tatsächlich abgespielt hat, wissen nur die Beteiligten selbst. Wer hat nun wirklich was gesagt, getan – oder eben unterlassen? Lenas Erlebnis mit den beiden Polizeibeamten ist ein Sechs-Augen-Vorfall, Aussage gegen Aussage. Ein Szenario, wie es von Sexualdelikten Betroffene oft genug erleben. Und, wie in Lenas Fall, diese Erlebnisse finden sogar mit derjenigen Institution statt, die eigentlich helfen und schützen sollte.

Bettina Steinbach: «Im Prinzip passiert in den Einvernahmen noch einmal das Gleiche wie bei den Taten»

Die Psychologin Bettina Steinbach hat 29 Jahre bei der Opferhilfestelle Frauenberatung sexuelle Gewalt in Zürich gearbeitet. Hunderte Male führte sie mit Frauen, die sexualisierte Gewalt erlebten, Vorbereitungsgespräche und sass später neben ihnen bei den polizeilichen und staatsanwaltschaftlichen Einvernahmen.

Vergangenes Jahr wurde sie pensioniert. Wir verabreden uns zu einem Zoom-Call, auch der Laptopbildschirm bremst die Leidenschaft der 64-Jährigen nicht ab. Eine Leidenschaft für den Kampf gegen Gewalt an Frauen. Und ein Frust darüber, was sich noch alles ändern muss.

Bettina Steinbach, wie viele Frauen haben Sie insgesamt zu polizeilichen Einvernahmen begleitet?

Bei der Frauenberatung in Zürich gab es verhältnismässig viele begleitete Einvernahmen. Dies deswegen, weil diese Beratungsstelle die polizeilichen Meldungen erhält, wenn eine Frau bei der Polizei eine Anzeige gemacht hat und wünscht, dass die Beraterinnen Kontakt mit ihr aufnehmen. In meinen ersten Dienstjahren waren es wesentlich weniger Anzeigen als heute. Ich würde sagen, durchschnittlich habe ich in den letzten knapp dreissig Jahren drei bis fünf Frauen pro Jahr zu Einvernahmen begleitet. Insgesamt habe ich mehrere Tausend Frauen beraten, doch viele konnten sich nicht zu einer Anzeige entschliessen. Bis ein Strafverfahren abgeschlossen ist, kann viel Zeit vergehen. Das längste Gerichtsverfahren, das ich begleitet habe, dauerte über zehn Jahre und ging bis zum Bundesgericht: eine Vergewaltigung in der Ehe mit Freispruch in letzter Instanz. Sich der Juristerei auszusetzen, ist schon Hardcore für die Frauen, das kann ich durchaus so sagen.

Von der Anzeige bis zum Urteil dauert es meist mehrere Jahre. Wie viele Verfahren führen zu einem Abschluss?

Wir haben in der Schweiz diesbezüglich ein grosses Problem: Was zwischen der Anzeige und dem Urteil genau passiert, ist eine behördliche Blackbox. Über diese Zeit wird kaum Statistik geführt. Im Kanton Zürich wird erst seit 2020 vom Obergericht überhaupt erfasst, wie viele Verfahren wegen sexualisierter Gewalt es gibt. Wir haben in der Schweiz Statistiken für Kuhglocken und wissen, wie viele Kühe in diesem Land Hörner haben und wie viele nicht. Aber es wird noch immer nicht detailliert erfasst, wie viele Verfahrenseinstellungen oder Nichtanhandnahmen bei Vergewaltigung es landesweit gibt. Das ist eine grosse Katastrophe, finde ich. Tatsache ist, dass zwischen 2016 und 2018 im Kanton Zürich nur 7,8 Prozent der Beschuldigten verurteilt wurden. Hier gab es zudem grosse Unterschiede zwischen den einzelnen Kantonen.

Wie kann man sich als Betroffene auf einen solchen Prozess vorbereiten?

Im Gespräch mit den Beraterinnen der Opferhilfeberatungsstellen. Darum erachte ich es als sehr wichtig, dass jede Betroffene sich schon vor der Anzeige an eine solche Fachstelle wendet. Hier wird erklärt, wie ein Verfahren abläuft, was alles auf die Frau zukommt und wo sie sich die entsprechende Hilfe holen kann. Zudem bekommt im Normalfall jede eine persönliche Beraterin, das kann eine riesige Stütze sein. Ich sage immer: Wissen ist Macht. Je mehr die Betroffenen vorher darüber wissen, wie diese Strafverfahren ablaufen, umso besser können sie sich darauf einstellen. Das gilt vor allem auch für die allererste polizeiliche Einvernahme. Manchmal ist die Tat erst kurz vorher passiert und die Frau steht noch unter Schock.

Die juristische Beratung mit den Informationen über ein Strafverfahren ist ein wichtiger Teil der Arbeit der Opferhilfestellen. Denn die Einvernahmen sind etwas vom Schlimmsten, was die von sexualisierter Gewalt Betroffenen im Zusammenhang mit den Strafverfahren erleben. Durch das detaillierte Berichten des Geschehenen wird die Frau wieder aufs Extremste mit der Tat konfrontiert.

Wie reagieren Betroffene auf diese Einvernahmen?
Unterschiedlich. Manchmal fühlen sie sich danach ganz taub, oft auch erst einmal völlig erleichtert, dass es vorbei ist. Es gab Frauen, die sich als «ausgekotzt» beschrieben.

Die Reaktionen auf Einvernahmen sind so vielfältig wie die Frauen selbst. Den einen geht es bereits während der Einvernahme sehr schlecht, anderen direkt danach oder erst einige Zeit später. Dadurch, dass man die Tat minutiös nacherzählen muss, wird vieles wieder aufgeweckt. Einvernahmen sind die härtesten Trigger überhaupt. Ein Ereignis, das vielleicht wenige Minuten gedauert hat, wird durch die Befragungen ausgedehnt auf Stunden. Die Frauen fühlen sich wie in Zeitlupe. Viele haben in den Tagen vor der Einvernahme und danach wieder schlimme Albträume, es ist ihnen schlecht, sie können nicht schlafen und sie können sich im Alltag, am Arbeitsplatz oder im Studium nicht konzentrieren. Oft haben sie unmittelbar nach diesen Einvernahmen die gleichen Anzeichen wie kurz nach der Tat: Sie fühlen sich dreckig, wollen duschen, fühlen sich schuldig und sie reagieren sehr empfindlich auf weitere Trigger. Wir dürfen nicht vergessen, dass grosse Zeiträume zwischen den verschiedenen Einvernahmen liegen: Vom ersten Gespräch mit der Polizei bis zur ersten Einvernahme der Staatsanwaltschaft können gut und gern zehn Monate vergehen. Und dann ist das Verfahren ja erst gestartet und dauert oft mehrere Jahre. Es gibt Frauen, die das Erlebte in der Zwischenzeit gut zur Seite schieben können. Aber andere haben die ganze Zeit damit zu kämpfen. Und selbst wenn sie es einigermassen ruhen lassen können: Bei den meisten Frauen wird durch jede Einvernahme wieder vieles hervorgeholt. Das alles braucht unglaublich viel Konzentration und Kraft. Die Frauen sind nach den Einvernahmen oft wahnsinnig erschöpft.

Was empfehlen Sie den Frauen dann?

Ich habe jeweils wie eine alte Schallplatte wiederholt: Treffen Sie sich nach der Einvernahme mit einer Person, mit der Sie darüber sprechen – und machen Sie vorher eine Zeit ab, wie lange Sie darüber sprechen. Diese Vertrauensperson soll auf die Uhr schauen und nach einer halben Stunde zum Beispiel sagen: «Jetzt ist fertig.» Dann ist Ablenkung ganz wichtig: Irgendeinen harmlosen Film schauen oder so, etwas Anspruchsloses. Wieder Boden unter die Füsse bekommen. Die Frau kann sich auch vor der Einvernahme entsprechend vorbereiten und überlegen, wie sie mit Triggersituationen umgehen kann. Auch dafür ist die Opferhilfe da. Und vor allem: Die Frauen können lernen, dass sie schlimme Dinge überstehen können. Ich habe es oft mit Frauen erlebt, dass jede Einvernahme ein bisschen mehr dazu geführt hat, das Erlebte verarbeiten zu können, so schlimm diese Situationen auch sind. Jedes Gespräch, jedes Ausführen des Erlebten kann helfen, das Ereignis ein Stück weiter in unsere «grosse Bibliothek» im Gedächtnis und damit in unser Zeitkontinuum einzuordnen. Ich hatte Frauen in der Beratung, die berichteten, dass ihnen dieses wiederholte Erzählen enorm bei ihrer Verarbeitung geholfen hat; manchmal auch dann, wenn es am Schluss keinen Schuldspruch gab.

Entscheidend für den Straftatbestand bei Sexualdelikten ist zurzeit, dass sich das Opfer körperlich wehrt. Manchmal ist das aber nicht möglich: Welche körperlichen und psychischen Reaktionen auf sexualisierte Gewalt gibt es?

Wenn wir in Gefahr sind, gibt es verschiedene körperliche und psychische Mechanismen: Fliehen, Kämpfen oder Einfrieren. Unser Gehirn ist in diesen Momenten komplett überfordert, weil es in den meisten Fällen nicht gelernt hat, mit solchen Gefahren angemessen umzugehen. Hinzu kommt oft die Frage: «Komme ich aus dieser Situation wieder lebend heraus?» Die Frau durchsteht zum Teil Todesängste. In der Regel sind Männer stärker und grösser als Frauen, das bedeutet, Kämpfen kommt weniger infrage. Es kommt zwar vor, dass Frauen zur Furie werden und kratzen, beissen und vielleicht sogar davonkommen – aber solche Fälle sind eher selten. Fliehen ist nicht immer möglich. Die am meisten verbreitete Reaktion ist das sogenannte Freezing. Gemeint ist damit das Phänomen, dass die Frauen während eines Übergriffs ihren Körper nicht mehr bewegen können und eben richtiggehend einfrieren – und sich somit auch nicht tätlich wehren können. Viele Frauen erzählen, dass sie während der Tat dissoziieren, also aus ihrem Körper austreten. Sie sehen die Tat dann zum Beispiel von oben herab oder aus einer Zimmerecke, sie sind mit dem Bewusstsein nicht mehr in ihrem Körper, bis alles vorbei ist.

Kann dieses Freezing allen passieren?

Ja. Das ist eine natürliche Schutzreaktion des Körpers, wenn du Todesangst hast. Ich habe einmal eine Frau begleitet, die einen schwarzen Gürtel im Karate hatte und sogar in der Schweizer Nationalmannschaft war. Eine fitte, körperlich starke Frau also. Sie wurde von zwei Männern vergewaltigt und war während der Tat wie eingefroren. Erst als der Übergriff vorbei war, konnte sie sich wieder bewegen und hat die beiden Männer zusammengeschlagen. Sie konnte sich später übrigens nicht verzeihen, dass sie sich nicht selbst vor dem Übergriff schützen konnte. Das zeigt: Es spielt keine Rolle, wie stark du bist, wenn du einfrierst, hast du schlichtweg keine Chance, dich körperlich zu wehren. Das Freezing hat eine enorme Kraft. Dies ist eine der wichtigsten Erkenntnisse aus der Wissenschaft, die viel mehr in die Gesetzgebung einfliessen müsste; eine «Nein heisst Nein»-Regelung negiert das Freezing. Denn in diesem Zustand Nein zu sagen, ist schlichtweg nicht möglich.

Aber man weiss doch aus der Forschung schon länger von diesem Phänomen?

Dass Jurist:innen das Freezing im Zusammenhang mit dem Sexualstrafrecht überhaupt diskutieren, ist nach meiner Empfindung erst seit fünf bis sieben Jahren der Fall. Das ist eine vergleichsweise kurze Zeit. Vor allen Dingen für die Justiz.

Sie haben über Jahrzehnte das Schlimmste gehört, was Männer Frauen antun können. Wie ging es Ihnen damit?

Die Begleitungen zu Einvernahmen gehörten für mich all die Jahre zu den schlimmsten Arbeitszeiten. Mir war immer klar: Sollte ich vor meiner Pensionierung aufhören, dann wegen der Juristerei. Ja, ich habe Dinge gehört, die Menschen anderen antun, das kann man sich nicht vorstellen. Und manchmal war ich unsagbar traurig darüber, was Frauen alles angetan wird. Gleichwohl haben mich diese Geschichten nie so ohnmächtig und hilflos gemacht wie die Justiz. Ich hatte etwa drei Mal im Jahr einen richtigen Heulkrampf und mich in den Schlaf geweint. Und zwar nicht, weil mir die Fälle emotional so nahegingen, davon konnte ich mich relativ gut distanzieren – das musste ich in meinem Beruf lernen. Sondern weil die juristische Prozedur mich so fertiggemacht hat. Am nächsten Tag hatte ich mich jeweils wieder beruhigt und dann konnte ich wieder damit leben. Aber diese Hilflosigkeit, das Wissen, dass man diesem System so wehrlos ausgeliefert ist, das war für mich immer schwierig auszuhalten. Im Prinzip passiert in diesen Einvernahmen noch einmal das Gleiche wie bei den Taten: Dir wird etwas angetan, wieder und wieder, und du kannst dich nicht dagegen wehren. Du musst da durch. Und bis zum Ende meiner Berufstätigkeit hat es mich erschüttert, wie ein Ereignis von vergleichsweise kurzer Dauer, einer halben Stunde vielleicht, ein ganzes Leben, ein zufriedenes Leben, zerstören kann. Ich habe mich immer wieder beim Gedanken erwischt, dass ich mir wünschte, das alles ungeschehen zu machen. Das wünschen sich auch viele Frauen. Und bei den

Einvernahmen, da wird diese schlimme Gewalterfahrung wieder aufgeweckt und geht auf wie ein Hefeteig.

Was müsste man am Verfahren der Einvernahme ändern?
Ach, so vieles. Es fängt schon damit an, dass die Betroffene am Anfang der polizeilichen Einvernahme ein Merkblatt zu ihren Rechten und Pflichten bekommt. Dass sie weiss, was ihre Rechte sind, ist super. Doch wird der Betroffenen nicht immer erklärt, was da steht: Sie bekommt dieses Blatt, kann es durchlesen und muss es dann unterschreiben. Die Frauen kommen meistens zum ersten Mal zu einer Befragung und sind sehr aufgeregt. Vieles können sie zudem gar nicht aufnehmen. Weiter wird ihnen gesagt, dass sie bis zu fünf Jahre Gefängnis bekommen können, wenn sie jemanden wissentlich falsch beschuldigen. Das schüchtert viele Betroffene erst einmal ein. Sie denken: Ich bin doch hier, weil ich aussagen will, was mir Schlimmes angetan wurde, warum geht man schon am Anfang davon aus, dass ich lügen könnte? Ich habe es ausserdem selten erlebt, dass der Frau etwas zu trinken angeboten wurde. Die Räume, in denen die polizeilichen Einvernahmen stattfinden, sind oft kahl und unfreundlich. Wenigstens hat eine Betroffene das Recht, sich zu wünschen, von einer Person gleichen Geschlechts befragt zu werden. Trotzdem sitzt sie einer fremden Person gegenüber, der sie ihr schlimmstes Erlebnis in allen Details schildern muss. Da wäre es doch angebracht, dass vielleicht eine Pflanze in der Ecke den Raum freundlicher macht und dass eine Flasche Mineralwasser, ein paar Müsliriegel oder Traubenzucker für die Konzentration auf dem Tisch stehen. Das wäre schlicht und einfach anständig.

Vor allem bei Gesprächen, die so lange dauern.
Genau, diese Einvernahmen dauern oft bis zu sechs, acht Stunden, das ist ja auch körperlich sehr anstrengend. Nach dem Gespräch muss die Betroffene das Protokoll durchlesen und unterschreiben, sie macht das Erzählte also quasi wieder durch.

Und auch das braucht, je nachdem, nochmals viel Zeit. Man könnte sich auch überlegen, die Einvernahme mit Video aufzuzeichnen, wie es etwa bei Kindern gemacht wird. Dass die Frauen nach jedem Satz pausieren müssen, weil jedes «äh» akribisch notiert werden muss, ist nicht nur sehr anstrengend – es macht es den Frauen häufig schwer, wirklich stringent zu erzählen und richtig in die Geschichte hineinzukommen. Und das kann je nachdem zu ihrem Nachteil ausgelegt werden. Generell: Am organisatorischen Ablauf der Einvernahmen könnte man noch feilen.

Zum Beispiel?

Diese Abläufe sind von Kanton zu Kanton unterschiedlich. Laut Gesetz muss es möglich sein, dass sich eine Frau direkt nach einem Übergriff im Spital untersuchen lassen kann, um Beweismaterial zu sichern, ohne dass sie eine Anzeige machen muss. So hat sie hinterher genug Zeit, sich beraten zu lassen, und kann in Ruhe überlegen, was sie tun möchte. Die Realität kann jedoch auch ganz anders aussehen. Ich habe Frauen begleitet, die nach einer Vergewaltigung oder Schändung ins Spital gingen, nur um sich untersuchen zu lassen. Dort wurden sie dazu überredet, direkt der Polizei Bescheid zu geben, die dann zuerst die Anzeige aufnehmen musste. So mussten die Frauen lange warten und wurden später bis zwei Uhr morgens untersucht. Sie kamen in der Folge sehr spät – oder besser gesagt früh am nächsten Morgen – nach Hause und konnten während der restlichen Nacht kaum schlafen. Am nächsten Tag um acht Uhr wurden sie dann zur Einvernahme auf den Polizeiposten eingeladen. In diesem Zustand mussten sie die allerwichtigste Einvernahme durchstehen, die das Fundament dafür gründet, wie das ganze Strafverfahren hinterher weitergeht. Das ist doch irre. Es gibt aber einige Kantone, da müssen die Spitäler diese Fälle nicht direkt weiterleiten, sondern sammeln in Ruhe die Spuren, und die Frauen können dann immer noch entscheiden, ob sie zur Polizei wollen oder nicht. Das Berner

Modell funktioniert zum Beispiel so, und etwa auch im Kanton St. Gallen ist es unkompliziert möglich, sich ohne Anzeige untersuchen zu lassen.

Was können Polizist:innen tun, damit die Einvernahmen weniger unangenehm sind?

Ich muss sagen, es gibt sehr viele Polizist:innen, die sehr engagiert sind diesbezüglich. Denen ist es wirklich ein Anliegen, dass sich die Frauen weniger unwohl fühlen. Sie erklären zum Beispiel ausführlich, was während der Einvernahme genau passiert, warum sie diese Fragen stellen müssen, und betonen, dass das nichts damit zu tun hat, ob man der Frau glaubt oder nicht. Weil sie wissen, wie wichtig es ist, dass die Gegenwehr des Opfers so gut und ausführlich wie möglich dokumentiert wird, damit die Frau vor Gericht eine reelle Chance hat. Aber eine solche Feinfühligkeit ist leider längst nicht bei allen der Fall, im Gegenteil. Das ist ja ein Teil des Problems: Unser aktuelles Sexualstrafrecht verlangt viele dieser Fragen. Und man könnte daran enorm viel ändern, wenn die Zuständigen in der Schweizer Politik sich endlich für «Nur Ja heisst Ja» entscheiden. Wenn sich das Sexualstrafrecht ändert, wird das einen massiven Einfluss haben, auch auf die Einvernahmen und vor allem darauf, wie die Betroffenen diese Gespräche wahrnehmen. Zu meinen Forderungen gehört auch, dass man das Vertrauen der betroffenen Frauen in die Justiz stärkt, dass ihre Aussagen mehr gewürdigt werden, dass genauer hingeschaut wird, was sie aussagen, und der Fokus nicht primär darauf gelegt wird, warum sie sich nicht heftiger gewehrt haben oder ob ihre Aussagen widerspruchsfrei sind.

Wie meinen Sie das?

Heute dreht sich so viel um die Gegenwehr des Opfers und darum, wie es sich verhalten hat. Die Betroffenen sitzen quasi in der Mitte eines riesigen Strudels von Fragen und müssen die ganze Zeit beweisen, dass das, was ihnen angetan wurde, gegen ihren Willen passiert ist. Oft empfinden Frauen in dieser Lage solche Fragen als Angriffe. Eine besonders schlimme Frage für viele Betroffene ist: «Warum haben Sie sich nicht gewehrt?» Damit fragt man im Prinzip: «Warum haben Sie nicht dafür gesorgt, dass Ihnen das nicht passiert?» Und diese Frage, das damit verbundene Gefühl ist sowieso schon sehr schlimm für die Betroffenen. Praktisch alle Frauen erzählen von fürchterlichen Schuldgefühlen und davon, dass sie sich miserabel fühlen, weil sie denken, sie hätten sich besser wehren müssen. Dann wäre ihnen nichts passiert. Und sie denken, wenn sie sich bei einem nächsten Mal anders verhalten, dann passiert ihnen das nicht mehr. Aber das ist ein Trugschluss. Es liegt nicht am Verhalten des Opfers, dass ihm sexualisierte Gewalt angetan wird.

Ändert eine «Nur Ja heisst Ja»-Lösung etwas daran?
Natürlich, davon bin ich fest überzeugt. Sie bedeutet einen wichtigen Paradigmenwechsel. Eine Bekannte von mir, eine Staatsanwältin aus Deutschland, hat mir erzählt, dass sich die ganze Atmosphäre der Einvernahmen massiv verändert hat, seitdem bei ihnen die Gesetzesänderung durch ist und der Fokus nicht mehr auf der Drohung und Nötigung durch den Täter liegt. Es geht dann eben nicht mehr darum, dass sich die Betroffene ausreichend gewehrt hat. Sondern darum, dass sie nicht zugestimmt hat. Das legt eine komplett andere Grundlage für diese Einvernahmen. Wenn das Opfer beweisen muss, dass es sich ausreichend gewehrt hat, führt das zu einem ganzen Katalog von Fragen, die eigentlich keine Rolle spielen sollten.

Zum Beispiel?
Die Betroffenen werden immer wieder gefragt, ob sie Alkohol getrunken haben. Hier ist interessant: Wenn das Opfer getrunken hat, wird das oft zu seinem Nachteil ausgelegt. Wer alkoholisiert ist, kann sich schliesslich schlechter wehren – und

das Opfer hätte sich ja wehren müssen. Wenn aber der Täter angibt, dass er getrunken hat, dann kann ihm das in die Hände spielen: Er konnte sich schlechter kontrollieren. Dass dies heute noch so beurteilt wird, ist doch unfassbar. Ich habe auch oft gehört: «Warum haben Sie ihn mit nach Hause genommen?», oder: «Warum sind Sie mit ihm nach Hause gegangen?» Das alles sollte doch keine Rolle spielen. Aber es weckt bei den Frauen oft ein enormes Schamgefühl. Das öffentliche Bewusstsein im Hinblick auf Vergewaltigungen ist auch heute noch mit vielen Mythen, Vorurteilen und Fehleinschätzungen behaftet: Eine anständige Frau nimmt keinen Mann mit nach Hause. Das führt nicht selten zu Vorwürfen und Schuldzuweisungen an die betroffenen Frauen. Auf der anderen Seite werden durch diese Mythen und Vorurteile Täter entschuldigt und sogar ermutigt.

Wie hat sich die Zusammenarbeit zwischen Polizei und Opferstellen in den letzten dreissig Jahren verändert?

Wenn ich an meinen Anfang bei der Frauenberatung im Jahr 1993 denke, muss ich sagen: Das sind Welten! Am Anfang waren wir das absolute Feindbild der Polizei. Wir waren in ihren Augen Radikalfeministinnen, die sowieso keine Ahnung haben, was eigentlich in der Welt läuft. Auch von unserer Seite gab es starke Vorurteile der «Schmier» gegenüber, die natürlich wiederum unser Feind war. Diese Zusammenarbeit hat sich über all die Jahre massgeblich verbessert, da gab es eine grosse Annäherung, von beiden Seiten ausgehend. Die spezialisierten Polizist:innen im Kanton Zürich haben zwei tolle Chefinnen. Sie gehen immer wieder in Supervision, holen sich Hilfe und bilden sich weiter. Ich kann natürlich nur für diejenigen Kantone sprechen, in denen ich Erfahrungen gemacht habe. Aber ich weiss zum Beispiel, dass die Lage in den Kantonen St. Gallen und Bern ähnlich ist. Speziell dazu beigetragen hat im Kanton Zürich die Einführung der Interventionsstelle gegen Häusliche Gewalt (IST), die damals von einer Psychotherapeutin und einer Opferhilferechtsanwältin übernommen wurde. Heute arbeiten andere engagierte Frauen bei der IST und diese wurde bei der Kantonspolizei angesiedelt. Die IST bietet pro Jahr mehrere Weiterbildungsblöcke für alle an – sprich für Polizist:innen, Opferberater:innen, Staatsanwält:innen und andere Fachleute –, in denen neben einem fachlich fundierten Input auch konkrete Fälle behandelt werden. Ich habe diese Weiterbildungen sehr gern besucht und die Polizei war immer gut vertreten. Diese Weiterbildungen haben unter anderem dazu geführt, dass bei vielen Polizist:innen ein Umdenken stattfand und sie angefangen haben, den Betroffenen zu empfehlen, zur Opferberatung zu gehen, oder sie haben, wenn gewünscht, selbst bei uns angerufen und einen Termin für die Betroffene vereinbart. Das war lange Zeit nicht so. Aber, und das ist wichtig zu sagen: Ich habe bis zum Ende meiner Zeit bei der Frauenberatung Zürich Einvernahmen erlebt, da standen mir die Haare zu Berge. Alles steht und fällt mit der Person, die der Frau in diesem Raum während der Einvernahme gegenübersitzt und die Fragen stellt.

Was muss sich auf politischer Ebene ändern?
Es ist heute so, dass das Thema häusliche Gewalt eine viel grössere Lobby hat als die sexualisierte Gewalt. Es geht hier nicht darum, diese beiden Themen gegeneinander auszuspielen, aber man merkt hier einen grossen Unterschied. Schon allein die Statistiken zur häuslichen Gewalt sind ausführlicher, obwohl auch sie sich auf einem rudimentären Niveau bewegen. Im Bundeshaus hat das Thema häusliche Gewalt Unterstützung, bei der sexualisierten Gewalt tat man sich lange Zeit recht schwer. Erst seit der grossen Kampagne «Nur Ja heisst Ja» von Amnesty International Schweiz im Jahr 2019 sind die Stimmen im Bundeshaus gegen sexualisierte Gewalt deutlich lauter geworden. Es ist so wichtig, dass die Reform des Sexualstrafrechts jetzt stattfindet.

Die polizeiliche Ausbildung: «Oftmals reicht es schon zu sagen: Wir müssen diese Fragen stellen, damit wir Ihnen zu Ihren Rechten verhelfen können»

«Ihr müsst wissen, dass das eine ganz andere Liga von Delikten ist. Eine Vergewaltigung ist nicht vergleichbar mit einem Diebstahl.» Mary Wetzstein steht in einem der Unterrichtsräume der IPH Hitzkirch, der Interkantonalen Polizeischule Hitzkirch im Luzerner Seetal, und blickt in die Ränge. Die rund zwanzig anwesenden Schüler:innen schreiben auf ihren Laptops mit. Draussen scheint die Spätsommersonne, Kirchenglocken läuten. Wären hier nicht die zwei Campusgebäude der interkantonalen Polizeischule, Hitzkirch wäre eine weitere hübsche, aber radikal unaufgeregte Ortschaft am Baldeggersee.

Die IPH Hitzkirch ist das Aus- und Weiterbildungszentrum der elf Konkordatskantone Aargau, Bern, Basel-Stadt und -land, Luzern, Nid- und Obwalden, Schwyz, Solothurn, Uri und Zug. In Hitzkirch werden jährlich in zwei parallel verlaufenden Jahrgängen rund 250 Polizeiaspirant:innen ausgebildet. Damit ist Hitzkirch die grösste der sechs regionalen Schweizer Polizeischulen.[9]

Zurück ins Klassenzimmer: Ausbilderin Mary Wetzstein erhebt ihre Stimme: «Das Problem ist, dass wir in unserer Gesellschaft ein falsches Bild von Sexualdelikten haben.» Dieses Denkmuster heisse Victim Blaming, erklärt Wetzstein, man suche die Schuld beim Opfer: «Doch diese Mitschuld gibt es nicht, versteht ihr? Das Opfer trägt keine Mitschuld an einem Sexualdelikt.»

Mary Wetzstein arbeitete während fast 25 Jahren im Polizeiberuf, davon rund zehn Jahre in einem grösseren Korps im

Bereich Sexualdelikte. Jetzt unterrichtet sie Kadett:innen in Hitzkirch zu ebendiesem Thema.[10] «In den letzten Jahren hat sich vieles verändert, das Bewusstsein ist gestiegen und auch das Opferhilfegesetz und die speziellen Rechte, die damit einhergehen, haben geholfen, Sexualstrafdelikten in der Justizverfolgung einen höheren Stellenwert einzuräumen», sagt Wetzstein.

Rund zweieinhalb Stunden dauert die heutige Doppellektion. Im Kontext der einjährigen Schulausbildung ist das vergleichsweise wenig, doch Wetzstein gibt sich sichtbar Mühe, den Lernenden einige Grundsätze beizubringen. «Nur schon, dass diese Themen wie Opferverhalten oder Umgang mit traumatisierten Personen einen Platz in der Ausbildung haben, ist eine Entwicklung der letzten zehn Jahre – und ein grosser Schritt in die richtige Richtung», so Wetzstein.[11]

Den thematischen Einstieg bilden das Thema Anzeigeerstattung und die Frage, warum es gerade bei Sexualdelikten, sogenannten Vier-Augen-Delikten, so wenige Anzeigen gibt. «Viele Opfer geben an, dass sie Angst vor der Polizei – also vor uns – haben und deswegen keine Anzeige erstatten», sagt Wetzstein. «Weil sie denken, wir würden sie nicht ernst nehmen, auslachen oder nicht unterstützen.» Sie schaut in die Runde und fügt an: «Ich will hier drin niemanden haben, von dem oder der Betroffene Angst haben später.»

Dann folgt ein Rollenspiel. Mary Wetzstein spielt eine Frau, die sexualisierte Gewalt erlebt hat und sich auf dem fiktiven Posten Hitzkirch einer Erstbefragung stellt. Wetzstein leitet nichts ein, wirft die Kadett:innen ins kalte Wasser. Einer der jungen Männer ergreift die Initiative und tritt vor, er wirkt überrascht, verdattert, entschliesst sich dann aber mit geradem Rücken und freundlichem Lächeln dazu, dem Opfer einen Stuhl anzubieten. Die Kadett:innen einigen sich darauf, der Betroffenen das Opferhilfegesetz zu erklären. Einer der Kadetten unterrichtet die Betroffene über ihre Rechte und sagt, dass man die Bestandsaufnahme aufzeichnen wird, damit sie vor Gericht nicht erneut aussagen muss. Später beim Mittagessen wird Wetzstein auf diesen Punkt zurückkommen und mit Bedauern erklären, dass es bis heute leider nicht Usus sei, die Einvernahmen von erwachsenen Opfern sexualisierter Gewalt aufzuzeichnen und diese Aufnahmen vor Gericht zu verwenden, so wie das bei Kindern der Fall ist. Die technischen und rechtlichen Möglichkeiten dafür seien theoretisch zwar gegeben, doch ob und wie davon Gebrauch gemacht werde, hänge im Endeffekt von der jeweiligen Polizei und Staatsanwaltschaft ab.

Der Kadett erklärt der Erstbefragten alias Mary Wetzstein das Recht auf Pausen während der Einvernahme und dass sie Fragen nicht beantworten müsse. Immer mehr Personen trauen sich nun mitzuwirken, erklären, dass die Betroffene zum Arzt solle, dass man ihre Verletzungen dokumentieren müsse, dass sie eine Freundin mitnehmen dürfe, und man erkundigt sich, ob sie bereits jetzt jemanden anrufen möchte.

Wetzstein wechselt zwischen der Rolle des Opfers und der Ausbilderin hin und her, greift ein, wenn etwas vergessen geht, lobt aber auch explizit, wenn jemand die richtigen Worte findet. Die Kadett:innen sind allesamt sensibel und vorsichtig. Auch gemäss dem prozessualen Opferhilferecht ist dieses Vorgehen vorbildlich. Würde jede Ersteinvernahme in der Praxis so ablaufen, würde es dieses Buch so nicht geben.

Nach Beendigung des Rollenspiels erklärt Wetzstein den Kadett:innen die theoretischen Grundlagen einer Ersteinvernahme: «Formell ist es nichts anderes als ein anderes Delikt, ihr müsst beim Lagebericht die sieben W abfragen.» Sie schaltet in ihrer Powerpoint-Präsentation eine Folie weiter und ergänzt: «Aber die Realität ist trotzdem komplett anders – es braucht viel mehr Sensibilität.» Die sieben W-Fragen stellen das Gerüst einer jeden Erstbefragung dar. Sie umfassen das Wer (Täter), Was (Straftat), Wann (Tatzeitpunkt), Wo (Tatort), Wie (Tathergang), Womit (Spurensicherung) und das Warum (Motiv). Gerade bei der Frage nach dem Motiv sei es zentral, den potenziellen Opfern nicht das Gefühl zu vermitteln, man gebe ihnen in irgendeiner Form eine Mitschuld am Geschehen, so Wetzstein: «Hier braucht es Geduld bei der Befragung, vielleicht sogar etwas Kreativität bezüglich der Fragestellung.»

Nach den sieben W-Fragen wird das weitere Vorgehen definiert. Wetzstein empfiehlt den Kadett:innen, jeweils die Dringlichkeit der Situation so gut wie möglich einzuschätzen: Erfolgt die Erstbefragung innerhalb von zwei bis maximal drei Tagen nach einem Delikt, müssen Sofortmassnahmen eingeleitet werden, um die Spuren einer frischen Tat zu sichern. Hierbei sei es zentral, der betroffenen Person einige Handlungsanweisungen zu geben. Etwa, dass sie nicht duschen und gewisse Kleidungsstücke nicht entsorgen oder waschen solle. Wenn nicht bereits eine ärztliche Untersuchung stattgefunden hat, sollte diese baldmöglichst erfolgen. Für den Ablauf einer solchen Untersuchung und den Einfluss, den diese auf Opfer, ihre Erinnerungen, die Kongruenz ihrer Aussagen und ihre Kooperation haben kann, findet Wetzstein klare Worte: «Diese Untersuchung, der sich ein Opfer für die Spurensicherung unterziehen muss, ist für viele eine grosse Belastung. Es gibt mehrere Abstriche, die Haare werden gekämmt, die Nägel gesäubert, es dauert auch schon mal zwei Stunden. Die Opfer brechen regelmässig zusammen. Hier ist es gut, wenn eine Begleitperson dabei sein kann», sagt Wetzstein und schlägt wiederum den Bogen zum Opferhilfegesetz, welches das Zuziehen einer Begleitperson unbürokratisch ermöglicht. Und sie betont: «Nicht alle Opfer kommen kurz nach der Tat zu uns. Oftmals vergehen Monate, sogar Jahre.» Sofortmassnahmen bleiben aus in diesen Fällen, das Opferhilfegesetz greift aber trotzdem. Mary Wetzstein empfiehlt den Kadett:innen, sensibel zu erfragen, was das Opfer dazu bewogen hat, jetzt zu erscheinen, anstatt ein vorwurfsvolles «Und wieso kommen sie erst jetzt?» in den Raum zu stellen.

Nach den Grundlagen der Erstbefragung richtet die Ausbilderin den Fokus noch einmal deutlicher auf das Zwischenmenschliche: «Wir haben ein Problem», konstatiert sie, «wir müssen unangenehme Fragen stellen. Wir müssen fragen, was die Frauen getragen haben, weil das für die Aufklärung des Falls wichtig ist. Wegen der Spurensicherung, wegen Überwachungskameras, wegen der Aussagen des Täters. Wir müssen diese Fragen stellen: Warum man sich traf, warum man sich nicht wehrte, warum der Täter das gemacht hat. Aber wir müssen sie anders formulieren und wir müssen erklären, warum wir fragen.»

Wetzstein empfiehlt den Kadett:innen ein «eher deskriptives Vorgehen»: Jede heikle Frage soll in einen Kontext gesetzt und erklärt werden, kritische Nachfragen sollen zugelassen werden. Oftmals brauche es mehr Zeit oder mehrere Anläufe. «Unser Auftreten ist oft brachial und auf Effizienz getrimmt. Bei Sexualdelikten ist das kontraproduktiv. Erklärt euch, erklärt, warum ihr etwas fragt, warum ihr etwas sagt, warum ihr etwas braucht. Schafft Vertrauen!»

Wetzstein geht auch auf die verschiedenen Arten der Traumatisierung ein und wie sie sich auf die Einvernahme auswirken können: Warum gewisse Opfer emotional losgelöst sprechen, warum manche die Tat plötzlich verleugnen oder den Täter gar verherrlichen, aggressiv oder unkooperativ auftreten. Daneben gebe es auch das noch wenig erforschte Phänomen von Lost Memory zu beachten, einer Traumareaktion, die dazu führt, dass sich Betroffene nicht mehr an Einzelheiten oder gar an die Tat als Ganzes erinnern können, was auch als «Abspaltung der Erinnerung» bezeichnet wird. Aus all diesen Ausführungen sollte für die Schüler:innen eines klar werden: Es gibt kein typisches Opferverhalten, genauso wenig, wie es das typische Delikt gibt. «Nur weil jemand nicht weint, ist es potenziell nicht weniger gravierend, was der Person zugestossen ist», sagt Mary Wetzstein.

Nach der Ersteinvernahme erfolgt die ausführliche Befragung des Opfers. Oftmals ist das der Moment, in dem die Kompetenz eines Polizisten oder einer Polizistin hinsichtlich der Thematik an ihre Grenzen stösst. «Normalerweise kommen

Fachexpert:innen für Sexualdelikte zur Einvernahme, aber nicht alle Polizeikorps haben eine solche Fachperson.» Wenn keine Fachexpertin oder kein Fachexperte vorhanden ist, müssen die anderen Diensthabenden die Tat von A bis Z im Detail erfragen. «Wo wurde geküsst, wo und wie ist der Täter eingedrungen, wie lange hat was gedauert.» Auch hier sei das Erklären entsprechend sehr wichtig: «Oftmals reicht es schon zu sagen: Wir müssen diese Fragen stellen und Sie mit dem Erlebten konfrontieren, damit wir Ihnen zu Ihren Rechten verhelfen können», sagt Wetzstein. Betroffene haben gemäss dem Opferhilfegesetz jederzeit die Möglichkeit, Aussagen zur Intimsphäre zu verweigern.

Später beim Mittagessen betont Mary Wetzstein, wie problematisch es gesamtschweizerisch betrachtet sei, dass jeder Kanton seine eigene Vorgehensweise habe. «Im Idealfall gibt es eine Fachstelle und von Anfang an werden die Betroffenen von Expert:innen begleitet, die eine Fachausbildung durchlaufen haben und genau wissen, wie sie mit dem Opfer umgehen müssen. Der zweitbeste Fall ist, dass jemand Allgemeingeschultes die Erstbefragung macht und eine spezialisierte Person beizieht. Und im schlimmsten Fall ist gar keine Fachperson verfügbar.»[12]

Immer wieder stellen die Kadett:innen der Expertin Fragen, etwa zum Umgang mit trans Personen oder in Bezug auf das atypische Opferverhalten. Neugier und Interesse scheinen gegeben zu sein, aber schnell wird deutlich: Ein Vormittag ist viel zu kurz bemessen für die Tiefe und Komplexität des Themas. Mary Wetzstein ist sich dessen bewusst. Auch, dass die Ausbildung nicht alles regeln könne, egal, wie vertieft oder zeitintensiv sie sei: «Es ist eigentlich nicht anders als bei jeder anderen Ausbildung, wo die theoretischen Inhalte und die praktische Anwendung manchmal auseinanderklaffen.»

Gegen Ende der Lektion kommt Wetzstein auf das Thema Falschanzeigen zu sprechen, die Ausbilderin hält fest: «Es gibt in jedem Deliktsbereich falsche Anschuldigungen.» Dass sich

Vergewaltigungsmythen und misogyne Vorstellungen jedoch nicht allein mit Zahlen und Fakten entkräften lassen, weiss die Expertin: «In vielen Korps gibt es Menschen mit massiven Vorurteilen. Es kann sein, dass ihr dann Sachen zu hören bekommt wie: Falschaussagen mache jede zweite Frau.» Wetzstein hält inne und schaut in die Runde: «Wenn ihr so etwas hört: Ignoriert es. Internationale Studien haben ergeben, dass die Quote der Falschanzeigen bei Sexualdelikten nicht höher ist als bei anderen Delikten, nämlich 2,7 Prozent.»[13] Es dürfe nicht passieren, so Wetzstein, dass jemand auf den Posten komme «und ihr im Hinterkopf habt: Die lügt. Ihr geht neutral und wie ein unbeschriebenes Blatt an jeden Fall heran. Ihr dürft kritisch sein, aber nicht kritischer als bei anderen Delikten.» Die Konsequenzen für Falschanzeigen seien zudem hart, die Polizei ist verpflichtet, bei falschen Anschuldigungen die Ursache zu ermitteln: «Falschanzeigen sind ein Offizialdelikt gegen die öffentliche Rechtspflege» und somit keine Lappalie. Auch eine Falschbeschuldigung muss bewiesen werden. Der Freispruch des Täters reicht nicht als Beweis für eine Falschaussage. Und noch etwas betont Wetzstein: «Die häufigsten Gründe für Falschbeschuldigungen betreffend Sexualdelikte sind psychische Erkrankungen und nicht wie häufig angenommen Rache oder Notlügen.»

Es klingelt, die Kadett:innen packen ihre Laptops und verlassen den Klassenraum.

Eine Repetition der heute gelernten Inhalte wird zu einem späteren Zeitpunkt in einer praktischen Übung mittels Rollenspiel vertieft und angewendet. Die Polizist:innen rücken zum Wohnort eines Opfers aus, von wo aus es eine Vergewaltigung gemeldet hat, und müssen den Sachverhalt aufnehmen. Das Vorgehen wird anschliessend mit der Ausbilderin besprochen und reflektiert.

Marcus Kradolfer: «Man kann nicht alle Missstände, die man in den Polizeikorps feststellt, auf die Grundausbildung abwälzen»

Der Himmel ist verhangen an diesem Vormittag im thurgauischen Amriswil, rund eine halbe Autostunde von Konstanz entfernt. Fährt man am kleinen Einkaufszentrum mit dem etwas uninspirierten Namen «Amriville» vorbei weiter in die 30er-Zone, so befinden sich auf der rechten Seite zwei einander gegenüberliegende und durch einen grossen Platz getrennte Gebäude, die wahlweise aussehen wie eine Primarschule oder wie Wohnhäuser. Wäre nicht die Beschriftung, nichts würde von aussen vermuten lassen, dass sich hier die Polizeischule Ostschweiz (PSO) befindet. Drinnen in der Kantine essen einige Polizeiaspirant:innen gerade einen Znüni, andere befinden sich auf dem Weg in ihre Klassenzimmer. Rund neunzig Personen der Korps der Kantone Appenzell Ausserrhoden, Appenzell Innerrhoden, Graubünden, Schaffhausen, St. Gallen, Thurgau, aus den Städten Chur und St. Gallen sowie aus dem Fürstentum Liechtenstein befinden sich hier jährlich in Ausbildung.

In einem der Obergeschosse lädt Marcus Kradolfer, Direktor der Polizeischule, zum Gespräch. Später wird er durch den Campus führen und unter anderem die drei verwinkelten, unübersichtlichen und mit Mikrofonen und Kameras ausgestatteten Übungswohnungen zeigen, in denen die Aspirant:innen Handlungstrainings durchführen.

Davor nimmt sich Kradolfer aber Zeit für ein Gespräch in seinem Büro. Auf dem Tisch liegen mehrere Ausgaben einer Philosophiezeitschrift, die Hundematte in der Zimmerecke bleibt heute leer, doch ein Foto an der Wand zwischen Wochenplänen und Trainingsgrundsätzen erinnert an deren Benutzer. Kradolfer nimmt einen der Trainingsgrundsätze vom Anschlagbrett, der erklärt, welche Schritte es im Fall einer Situationsbeurteilung, unabhängig vom vorliegenden Delikt, zu beachten gilt und eine Ausgabe der Schweizer Prozessordnung aus dem Wandschrank und setzt sich.

Herr Kradolfer, inwiefern ist der Umgang mit Opfern sexualisierter Gewalt ein Thema in der Polizeiausbildung an Ihrer Schule?

Wir bieten bei uns, wie es auch die anderen fünf Polizeischulen in der Schweiz machen, eine Grundausbildung an. In erster Linie geht es darum, dass unsere Schüler:innen lernen, was überhaupt verboten ist, was als Gewalt gilt, welche Gesetzesartikel sich auf Vergewaltigung, Nötigung und so weiter beziehen. Das stellt man sich vielleicht einfach vor, aber unsere Schüler:innen sind ein bunt gemischtes Publikum, für gewisse ist das Strafrecht am Anfang etwas sehr Abstraktes. Es ist lernbar, aber es ist aufwendig, nur schon zu wissen, was verboten ist. Dann kommt der nächste Schritt: die Strafprozessordnung, die besagt, wie man handeln soll. Die Strafprozessordnung enthält dementsprechend Artikel zur Opferhilfe und zum Opferhilfegesetz. In erster Linie lernen unsere Schüler:innen auch diese Gesetze kennen, das ist enorm viel Schulstoff. Was sie auch lernen, ist die Kommunikation: Wie kommuniziere ich mit einem Opfer am Tatort?

Und diese Form der Befragung lernen die Aspirant:innen bereits in der Grundausbildung?

Was wir lehren, ist taktische Kommunikation und angewandte Psychologie, also der Umgang mit dem Opfer auf einer generalisierten Ebene und in Form einer ersten Tatortbefragung. Was wir ebenfalls durchspielen, ist ein Szenario, in dem eine Frau an einen Polizeischalter kommt. Diese Frau sagt, sie sei Opfer eines Sexualdelikts geworden. Der Schüler, die Schülerin muss diese Situation lösen, also als Erstes herausfinden, was überhaupt passiert ist, und sie einfühlsam und ruhig befragen. Wenn der Zeitpunkt kommt, an dem der Schüler merkt, dass ein schweres Delikt vorliegt, weiss er, dass es hier für ihn fertig ist, da er nicht dafür ausgebildet ist. Nach Artikel 307 der Strafprozessordnung muss er sofort die Staatsanwaltschaft orientieren. Es gibt einen Deliktskatalog, der zu diesem Vorgehen verpflichtet. Das sind schwere Straftaten – unter anderem Sexualdelikte. Die Aufklärung der Betroffenen über das Opferhilfegesetz und allfällige Kontakte zu Opferhilfestellen sollte ebenfalls bereits bei diesem Erstkontakt erfolgen.

Was in der Grundausbildung gelehrt wird, sind also lediglich die Grundlagen?

Unsere Schüler:innen lernen den Umgang mit einem Opfer bei der Erstbefragung, das umfasst Aspekte wie Sensibilität und Tonalität. Beim expliziten Umgang mit Opfern von sexualisierter Gewalt, den Sie ansprechen, befinden wir uns bereits in einem Gebiet der Spezialausbildung. Entsprechend gibt es in den meisten kantonalen Korps speziell ausgebildete Gruppen, die bei diesen Fällen beigezogen werden sollten.

Inwiefern sind die Ausbildungspläne denn schweizweit vorgegeben?

Grundsätzlich ist das Was in einem nationalen Ausbildungsplan definiert, das Wie, also die methodische Umsetzung, ist den Schulen überlassen. Aber alle sechs Polizeischulen in der Schweiz machen Einsatztrainings.

Können Sie etwas mehr zu diesen Trainings erzählen?

Alle Schüler:innen durchlaufen in ihrer Ausbildung mindestens zwei solche Handlungstrainings. Eines der Szenarien ist häusliche Gewalt, die auch sexualisiert sein kann. Die Handlungs- beziehungsweise Einsatztrainings finden unter Einbezug professioneller Schauspieler:innen und in einem möglichst realitätsnahen Setting statt, hierzu haben wir mehrere eingerichtete Übungswohnungen auf dem Campus. Es gibt dann einen Notruf, weil man aus einer Wohnung zum Beispiel Schreie hört. Jetzt muss der Schüler, der am Tatort eintrifft, zuerst einmal die Lage beurteilen und sich einen Überblick verschaffen. Die Lage vor Ort kann sehr chaotisch sein, laut, Kinder schreien, Alkohol ist im Spiel. In dieser Phase muss der Schüler zuerst für Stabilität und Sicherheit sorgen, es könnten ja auch Waffen involviert sein. Als nächsten Schritt sollen die Lernenden in den Dialog mit dem Opfer übergehen und versuchen, den Sachverhalt zu erfragen. Dann ist das Opfer auf seine Rechte aufmerksam zu machen. Ferner muss es befragt werden.

Bei uns ist es so, dass wir diese Einsätze immer aufnehmen. Während des Trainings wird der Einsatz zudem übertragen, sodass die anderen Schüler:innen diesen Einsatz sehen und auch einen zugehörigen Auftrag bekommen, etwa zu beurteilen, wie mit dem Opfer oder dem Täter umgegangen wurde. Dann gibt es eine Reflexionsphase, in der die Lernenden drei Tage Zeit haben, über den Einsatz nachzudenken. Während dieser Zeit müssen sich die Schüler:innen, die zuschauenden wie die handelnden, überlegen, wie dieser Einsatz abgelaufen ist. Habe ich gut agiert? Habe ich Sicherheit geschaffen? Weiss ich, was für ein Delikt im Raum steht? Wie habe ich mit den Menschen gesprochen? Wie war meine nonverbale Kommunikation? Anschliessend gibt es eine Reflexion mit der oder dem Einsatzleitenden und einem Psychologen oder einer Sprachtrainerin, wo die Schüler:innen auch das Videomaterial zu sehen bekommen. Ich sage immer: Sie dürfen Fehler machen, aber sie müssen auch lernen, diese Fehler zu erkennen und zu reflektieren.

Wenn wir über Sexualdelikte sprechen, sind leider rasch auch Falschbeschuldigungen ein Thema. Noch immer geistert der misogyne Mythos durch unsere Gesellschaft, dass bei Sexualdelikten viel gelogen werde. Widmen Sie sich diesem Thema auch in der Ausbildung?

So explizit, wie Sie das jetzt sagen, nicht. Es ist sicher Thema in der Ausbildung, dass man die Kohärenz von Aussagen prüfen muss. Aber unsere Schüler:innen werden nicht darauf ausgebildet, davon auszugehen, dass jemand lügt, wenn er oder sie an den Schalter kommt, so etwas wäre ja verheerend!

Ich frage das so explizit, weil uns während unserer Recherche immer wieder, auch vonseiten der Polizei, die Annahme begegnete, dass bei Sexualdelikten mehr gelogen werde als bei anderen Straftaten, obwohl das mehrfach widerlegt werden konnte.

Im Unterricht nehmen unsere Schüler einen Fall durch, in dem eine junge Frau mit Migrationshintergrund aussagt, dass sie vergewaltigt wurde. Aber dann wird klar, dass sie aufgrund ihres kulturellen Hintergrunds und ihrer strengen muslimischen Eltern als Schutzbehauptung einen sexuellen Übergriff vorbringt, damit sie zu Hause nicht von ihrem patriarchalen Vater sanktioniert wird. Solche Fälle werden schon auch besprochen, um ein bestimmtes Bewusstsein zu schärfen. In der Grundausbildung ist die Ausbildungsdoktrin aber die, dass jede Anzeige entgegenzunehmen ist. Jedem Hinweis auf eine Straftat muss zwingend nachgegangen werden. Das ist auch in der Strafprozessordnung geregelt. Unsere Schüler:innen wissen das.

Wie hoch bewerten Sie den Einfluss der Ausbildung auf die weitere Laufbahn der Polizist:innen? Wir kennen das wohl alle, man lernt etwas in der Schule oder Ausbildung, und in der Praxis ist es dann ganz anders.

Das ist eine schwierige Frage. Um es etwas zugespitzt auszudrücken: Die Schule ist eine geschützte Werkstatt, weil hier Fehler passieren dürfen und müssen. Aber wenn draussen Fehler passieren, gibt es umgehend eine Skandalisierung und dann wird schnell mit dem Finger auf die Ausbildungsstätten gezeigt. Dabei geht vergessen, dass es sich immer noch um Menschen handelt, und wo Menschen agieren, können Fehler passieren. Wir bilden hier wahrscheinlich die Idealvorstellung eines Polizisten und einer Polizistin aus. Wenn Sie sich unser Leitbild anschauen, steht dort unter anderem «Tugendhaftigkeit» als Grundsatz. Das ist ein weiter Begriff, er umfasst Loyalität, Aufrichtigkeit, Güte. Das sind Idealvorstellungen. Wir unterrichten bei uns an der Schule zum Beispiel auch Berufsethik.

Aber?

Jedes Polizeikorps hat eine eigene Kultur. Das hängt mit der Führung zusammen, mit der Zusammensetzung, mit der Korps-Philosophie. Natürlich kommen da auch mal solche Sprüche wie: «Jetzt kommt ihr zu uns ins Korps und ihr habt an der Schule dies und das gehört, aber wir zeigen euch jetzt, wie es richtig läuft.» Ich bereite meine Schüler:innen aber auf diese Art von Aussagen vor, in der Hoffnung, dass sie selbst in der Lage sind, ein Urteil zu fällen und richtig zu handeln. Ich meine, schauen Sie: Wir haben langsam, aber sicher auch einen Generationenkonflikt bei der Polizei.

Das wäre meine nächste Frage gewesen.

Ich muss ehrlich sagen, ich habe noch nie so tolle junge Leute unterrichtet wie heute. Sie sind interessiert, motiviert, neugierig, wollen etwas erleben. Und jedes Mal, wenn ich sie frage, warum sie Polizist oder Polizistin werden wollen, sagen sie, sie wollen Gutes tun. Ich erlebe auch Instruktoren, die sich bei mir beschweren, dass das «frächi Sieche» seien, die Schülerinnen und Schüler. Wenn ich dann nachfrage, was das bedeutet, heisst es oft, dass sie Sachen hinterfragen würden. Das freut mich natürlich, schliesslich versuchen wir unsere Schüler:innen darauf zu trimmen, Sachen zu hinterfragen und zu reflektieren.

Die Schüler:innen sollen also lernen, Befehle nicht einfach auszuführen?

Im Grundsatz sind Befehle auszuführen. Das ist unter anderem auch Inhalt in den sogenannten Gelöbnisformeln, die bei der Inpflichtnahme und dem Übertritt ins Korps explizit erwähnt werden. Das zeigt sich beispielsweise beim unbeliebten Ordnungsdienst, etwa bei Fussballspielen oder Demonstrationen, wie der 1.-Mai-Demo, wo man mit Schutzausrüstung auftritt und dann einen potenziell gewalttätigen Mob vor sich hat. Und wenn dort der Befehl kommt «Jetzt musst du Gummischrot schiessen» oder «Jetzt wird mit Tränengas ein Teppich gelegt», dann ist das nicht der Moment, um zu diskutieren und das zu hinterfragen. Gleichwohl gibt es Situationen, in denen ein Befehl nicht zu befolgen ist: Wenn der Befehl gegen das Recht verstösst oder ethisch-moralischen Grundsätzen zuwiderläuft. Wo es nicht um direkte Gefahrenabwehr geht, sollte diese Auseinandersetzung zwingend stattfinden, und: Wo, wenn nicht in der Schule, soll man debattieren?

Wenn ich als junge Polizistin, als junger Polizist gelernt habe, kritisch zu sein, diese ganzen ethischen Konzepte im Kopf habe, und dann komme ich in mein Korps und merke, dass da Kollegen oder Vorgesetzte sind, die Ansichten vertreten, die ich als falsch oder gefährlich erachte, welche Handlungsoptionen stehen mir offen?

Dieses Thema behandeln wir im Ethikunterricht. Wir beschreiben das als Diskrepanz zwischen Ihnen persönlich als junger Polizistin und der sogenannten Cop Culture. Das ist ein schwieriges Thema und es ist ein Dilemma, das sich nicht auflösen lässt. Wir haben auch einen Prüfungsfall, den wir durchspielen, der etwas Ähnliches behandelt. Da geht es um einen Vorgesetzten, der nicht so handelt, wie es richtig wäre, oder sich sogar gesetzeswidrig, zumindest aber moralisch fragwürdig verhält. Hier in der Schule sagen natürlich alle Schüler:innen: «Selbstverständlich melde ich das!» Das mag in der Theorie funktionieren, aber die Realität ist anders, da ist man sehr schnell mal der Buhmann, wenn man gegen seine Kollegen aussagt, dann kommt man in den Pausenraum und alle stehen auf und verlassen den Raum. Solche Sachen passieren. Es ist immer eine Gratwanderung: Wann wird mein Korps durch ein Handeln in Mitleidenschaft gezogen und wann können wir das Problem noch intern lösen?

Und wo kann ich ein Fehlverhalten melden?
Bei Ihren Vorgesetzten. Oder bei der Ombudsstelle, über eine solche verfügen viele Polizeikorps. Bei der Kantonspolizei Thurgau ist vertraglich festgelegt, dass korpsintern eine psychologische Fachperson zur Verfügung steht, welche die Polizist:innen kontaktieren können, sowie eine externe Anlaufstelle, bei der sie anonym Meldung erstatten können. Die Person bei der Ombudsstelle muss dann beurteilen, wie gravierend der Fall ist, und entscheidet über das weitere Vorgehen und wer bis hin zum Kommandanten darüber informiert wird.

Diese Cop Culture, die Sie angesprochen haben, wird also im Unterricht auch thematisiert? Was umfasst sie denn alles?
Es geht darum, dass die Führung eines Korps eine gewisse Kultur vorlebt, etwa über das Leitbild oder Dienstbefehle. Wir thematisieren im Unterricht die Situation, wenn zwischen der Mannschaft und der Korpskultur eine Diskrepanz entsteht und was diese moralischen Dilemmata oder Normenkonflikte für mich als jungen Polizisten, als junge Polizistin bedeuten. Dass das im Unterricht thematisiert wird, ist eine neuere Entwicklung, vor vielleicht 15 Jahren hat man angefangen, sich mit diesem Thema zu befassen. Auch die vorher erwähnten Anlaufstellen gab es früher so nicht.

Und sehen Sie seither eine positive Entwicklung?
Das Problem ist, dass man in den Korps viele Missstände feststellt, die auch noch in die Grundausbildung eingebaut werden müssten. Und die Grundausbildung überbordet dann, man

fängt an, die Schüler:innen mit Quantität zu überfordern, anstatt sich den bestehenden Themen mit mehr Tiefe zu widmen. Man kann nicht alle Missstände, die man in den Polizeikorps feststellt, auf die Grundausbildung abwälzen. Auch die Erwartung, dass man etwas, was man in der Grundausbildung einmal gelernt oder gehört hat, auch Jahre später noch weiss, ist Blödsinn. Diese Themen müssten alle weiterhin geübt und in Weiterbildungen vertieft werden.

Und das wird auch gemacht?
Praktische Übungen, etwa ein Amoklauf oder eine Geiselnahme, werden in den Korps durchgeführt. Aber diese sogenannten Soft-Fächer, also etwa Thematiken wie das Einschränken von Grundrechten oder eben das Opferverhalten oder die Cop Culture, werden in meinen Augen zu wenig repetiert oder vertieft, weil schlichtweg die Zeit dafür fehlt. Man muss die Leute einerseits auf die Strasse schicken und das Alltagsgeschäft bewältigen, andererseits à jour bleiben, etwa mit Entwicklungen im Bereich der Digitalisierung, und dann noch Gelerntes repetieren oder vertiefen, wie soll das gehen?

Wie könnte man dieses Dilemma denn auflösen?
Zuerst einmal müsste man genug Polizist:innen haben in den Korps, um zu ermöglichen, dass Kolleg:innen Weiterbildungen besuchen. Es wird jedoch immer schwieriger, Stellen bei der Polizei zu besetzen. Die Grenzwache und der Zoll suchen Nachwuchs, die Transportpolizei, die Bundespolizei, die Militärpolizei, sie alle brauchen Leute. Und dann noch jedes Polizeikorps, da herrscht ein riesiger Konkurrenzkampf, und ich weiss ehrlich gesagt nicht, ob sich das Modell einer gleichen Grundausbildung für alle noch zehn, zwanzig Jahre durchsetzen lässt. Diesbezüglich wird sich noch einiges ändern müssen.

Die (Ex-)Polizistinnen: «Du riskierst ja deinen Job, wenn du nur daran denkst, Meldung zu erstatten»

Um mehr darüber zu erfahren, wie innerhalb der Ausbildung, aber auch im Arbeitsalltag und innerhalb einzelner Korps mit dem Thema Sexismus und sexualisierter Gewalt umgegangen wird, sprachen wir mit mehreren aktiven und ehemaligen Polizistinnen[14]. Keine der befragten Personen will sich aus Sorge vor den Reaktionen von (ehemaligen) Kolleg:innen, Ausbilder:innen und Vorgesetzten mit ihrem Klarnamen porträtieren lassen.

Die zwei Frauen, die bereit sind, in diesem Buch von ihrer Zeit an der Polizeischule zu erzählen, haben diese Ausbildung vor mehreren Jahren abgeschlossen. Seither hat sich in der Unterrichtsgestaltung einiges verändert. Nichtsdestotrotz sind es auch jene vor einigen Jahren ausgebildeten Polizist:innen, die heute im aktiven Dienst stehen und mit denen die von sexualisierter Gewalt Betroffenen in Kontakt kommen.

Gemeinsam ist allen von uns befragten aktiven und ehemaligen Polizistinnen das Fazit: «Würde ich vergewaltigt werden, würde ich keine Anzeige machen.» Und zwar einerseits wegen der zermürbenden Maschinerie der Justiz, andererseits – und dieser Grund wiegt schwerer – wegen der frauenfeindlichen Vorurteile, die teilweise in den Korps herrschen.

Wie war eure Polizeischulzeit?

Jana: Wir haben beide vor acht Jahren die Polizeiausbildung an einer grösseren Schweizer Polizeischule abgeschlossen. Als wir die Ausbildung angetreten haben, waren wir beide Anfang zwanzig und hatten davor jeweils in Lehrberufen gearbeitet. Rückblickend finde ich es schon etwas krass, dass man den Polizeiberuf ja nicht «schnuppern» kann. Man geht einfach an einen Infoabend und merkt erst nach der Zusage so richtig, was alles auf einen zukommt.

Manuela: Ich persönlich war nicht einmal an einem Infoabend gewesen, bevor ich mich für diese Ausbildung entschieden habe. Die gesamte Ausbildungszeit ist bezahlt, das ist das Reizvolle daran, und natürlich hat auch die Vielseitigkeit attraktiv gewirkt. Viele, die die Schule antreten, haben bereits eine Lehre absolviert und sind zwischen zwanzig und dreissig Jahre alt. Sie wollen von ihrem bisherigen Job wegkommen und sich umorientieren, da ist die bezahlte Polizeiausbildung natürlich eine gute Option auch, weil es keine spezifischen Vorkenntnisse braucht. Ob man geeignet ist, wird dann durch verschiedene Tests im Aufnahmeverfahren geprüft.

Jana: Die Polizeiausbildung würde ich als ein Jahr Schnellbleiche bezeichnen. Das hat sich jetzt geändert, es ist zwar immer noch ein Jahr Schule, aber gefolgt von einem Jahr Praktikum. Ich weiss aber nicht, ob dadurch mehr Themen behandelt oder gewisse Themen vertieft werden können.

Was kommt euch als Erstes in den Sinn, wenn ihr an die Schulzeit zurückdenkt?

Jana: Coole Klasse, viel Party. Ich war mehr im Ausgang als vor der Polizeischule und habe definitiv viel mehr Alkohol getrunken als jemals zuvor. Tagsüber war alles so hierarchisch und reglementiert, dass es ab und zu eine Art Ventil brauchte.

Manuela: Es gab bei uns damals einen Bussenkatalog mit Punktesystem. Wenn man sich nicht an die Regeln hielt, bekam man Strafpunkte, und wenn man zu viele davon hatte, wurde das Korps informiert. Wir standen ständig unter Beobachtung. Es war wie im Kindergarten. Gleichzeitig hörte man von allen Seiten, dass man jetzt etwas Besonderes sei, etwas repräsentiere. Auch im Privatbereich war nichts mehr so wie früher, sobald ich zum ersten Mal mit dem Polizeiauto vorfuhr.

Jana: Ich komme aus einem sehr strengen Elternhaus. Ich

war gerade erst ausgezogen und kam dann in der Schule gleich wieder in so eine Strenge hinein. Ich glaube, deswegen musste ich teilweise ausbrechen und mich manchmal betrinken. Das klingt im Nachhinein vielleicht furchtbar, aber genau so war es. Diese ständigen Bewertungen und Beurteilungen! Als ob das alles nicht reichte, wurden auch innerhalb der Schülerschaft Ranglisten erstellt.

Was für Listen meinst du?

Jana: Ich rede von den Ranglisten, die unser Aussehen bewerten sollten. Es waren keine Vorsitzenden oder Ausbilder, sondern Schüler, die Schülerinnen bewerteten. Ich erinnere mich noch genau, wie ich auf einer Bank am Eingang sass und eine Gruppe Mitschüler beim Vorbeigehen stehen blieb und sagte: «Wir handeln noch aus, ob du auf Platz eins oder zwei bist. Aber du bist weit vorne!» Ich fragte, wovon sie redeten, und einer liess lachend verlauten: «Aha, ja, es geht um die Liste, welche von euch die Schönste ist!»

Manuela: Das war zwar inoffiziell, aber keiner versuchte diese Listen geheim zu halten, alle auf dem Campus wussten irgendwann, dass es sie gibt.

Jana: Das war sexistisch, aber damals sass ich einfach dort und lachte darüber, weil ich nicht wusste, was ich sonst tun sollte. Kurze Zeit später kamen Männer einer anderen Schule zu uns, um hier einen bestimmten Kurs zu belegen. Einer von ihnen schrieb mich später auf Facebook an und meinte, er finde das ungerecht, dass ich nicht auf Platz eins dieser Liste sei. Er würde aber trotzdem gern mit mir ausgehen. Ich hatte diesen Mann noch nie gesehen. Aber er kannte mich. Er kannte meinen Namen und wusste, wie ich aussehe, das war mir so unangenehm.

Manuela: Die Vorstellung, dass dich Menschen oder besser gesagt Männer bewerten, die dich nicht kennen, ist unheimlich. Ich gehe davon aus, dass diese Liste digital gestaltet und unter Mitschülern herumgeschickt wurde. Es war mir so unangenehm, dass ich bereits nach kurzer Zeit mein Facebook-Profil löschte, weil ich immer mehr seltsame Nachrichten bekam. Anderen erging es gleich.

Wussten denn die Lehrpersonen davon?

Jana: Das weiss ich nicht, aber im Endeffekt sind viele Lehrkräfte auch abends mit uns ausgegangen und haben dabei ganz sicher auch mitbekommen, was besprochen wurde.

Manuela: Oder sie haben sich einfach selbst genauso unangebracht verhalten.

Könnt ihr das ausführen?

Jana: Unter anderem gab es einen Lehrer, der sein Wohnmobil auf dem Campus parkierte und eine Schülerin nach der anderen abschleppte. Dann fuhr er weg und am nächsten Tag gab er wieder Unterricht.

Manuela: Wir beide sind ausserdem von einem Vorgesetzten unseres Korps per SMS angeschrieben worden. Zuerst «normal», dann immer intensiver und häufiger, auch am Abend. Bei mir fing das damals im Schiessunterricht an, ich merkte, wie er mir näher kam als den anderen, mehr Zeit mit mir verbrachte. Ich hatte ihm meine private Nummer aber ganz sicher nie gegeben. Eines Tages schrieb er mir und fragte mich, ob wir uns treffen und was trinken gehen wollen. Danach schrieb er immer wieder, war penetrant, auch wenn ich nicht reagierte, ging es weiter. Das Unangenehme war, dass du dann am nächsten Tag bei ihm Unterricht hattest. Irgendwann kam das Thema unter uns Kolleginnen auf. Es stellte sich heraus, dass einige Frauen dasselbe Verhalten von ihm erlebt hatten.

Und dann?

Manuela: Wir hatten ziemliche Angst, uns deswegen bei einem höheren Vorgesetzten zu melden, wir waren schliesslich ganz neu und hatten keine Ahnung, was es für uns bedeuten würde, eine solche Sache zu melden, und ob wir überhaupt ernst genommen würden. Im Nachhinein haben sich unsere Sorgen tatsächlich bestätigt: Jemand anders hatte eine Meldung gemacht, und obwohl schnell mehrere Betroffene bekannt waren, passierte nichts, dieser Vorgesetzte arbeitet nach wie vor als Ausbilder. Das Ganze wurde «intern geregelt», was in diesem Fall so viel heisst wie: unter den Teppich gekehrt. Damals wussten wir aber auch noch nicht, was für Rechte wir haben und an wen wir uns wenden können. Es gab keine Anlaufstelle innerhalb der Schule oder im Polizeikorps. Heute ist das in den meisten Korps zum Glück anders.

Jana: Ich weiss nichts davon, dass damals irgendwas protokolliert wurde. Es wurde auch keine externe Fachperson oder dergleichen beigezogen. Ich denke übrigens nicht, dass es heute wesentlich anders abläuft, wenn ein solcher Fall gemeldet wird.

Hattet ihr euch denn überlegt, die Sache weiterzuziehen?

Manuela: Leider war das keine Option, zumal es keinen Idealablauf für solche Fälle gab, an dem wir uns hätten orientieren können. Wir gingen davon aus, dass die Meldung an höhere Stellen gelangen würde. Damals wäre es uns auch überhaupt nicht in den Sinn gekommen, zur Presse zu gehen.

Jana: Du riskierst ja auch deinen Job und dein Ansehen, wenn du nur daran denkst, so etwas zu melden oder gegen deine Kollegen, geschweige denn vielleicht deinen Vorgesetzten, auszusagen.

Manuela: Wir wurden dazu erzogen, ruhig zu sein, uns anzupassen und nicht aufmüpfig zu werden. Gerade in jüngeren Jahren, wo man noch seine Identität sucht, ist es schwierig, aus diesen Strukturen auszubrechen.

Jana: Wenn wir ein Unwohlsein meldeten, hiess es regelmässig, wir würden ein Drama machen. Ich weiss gar nicht, wie oft ich das heute noch zu hören bekomme. Über Themen wie MeToo oder Belästigungsvorwürfe wurde intern immer so herablassend gesprochen, dass ich Angst hatte, mich weiter zu exponieren. An einem internen Anlass in meinem Korps kam Jahre später einmal einer meiner Vorgesetzten zu mir und sagte, wenn in dem Korps etwas geschehen würde in Zusammenhang mit «dieser MeToo-Bewegung», sei er froh, wenn dies intern geregelt würde.

Wie gingen eure Wege nach der Ausbildung weiter?

Manuela: Ich habe es nach der Schule noch knapp zwei Jahre im Polizeiberuf ausgehalten. Für mich hat es in vielen Bereichen überhaupt nicht gepasst. Leider war es so, dass du dich mit der Polizeiausbildung vertraglich zu fünf Dienstjahren verpflichtest und andernfalls die Ausbildungskosten anteilsmässig jährlich zurückzahlen musst, in meinem Fall waren das insgesamt rund 25 000 Franken.[15] Das erschwert einen Ausstieg natürlich enorm. Ich hatte das Glück, dass ich wieder in einen Bürojob zurückkonnte.

Kannst du genauer erklären, was dir nicht gefallen hat?

Manuela: Es war nicht unbedingt die Polizeiarbeit, die ist ziemlich abwechslungsreich und vielseitig, wenn auch sehr fordernd. Es waren das Arbeitsklima, die Strukturen und Arbeitszeiten, die für mich nicht stimmten, aber auch mit vielen Kollegen und Vorgesetzten hatte ich Mühe. Mein damaliger Chef hat zum Beispiel ganz offen darüber gesprochen, dass er bis anhin nur «anstrengende Polizeischülerinnen» auf seinem Posten hatte, und führte seine Negativbeispiele auch aus. Ich habe mich entsprechend verstellt, gute Miene zum bösen Spiel gemacht und meinen Mund gehalten. Und weil er mit mir des Öfteren über die anderen Frauen auf dem Polizeiposten oder aus dem Korps lästerte, wusste ich auch, was ich nicht machen sollte. Viele alteingesessene Polizisten halten generell nicht sehr viel von den jungen, aber als Frau musst du dich eben noch mehr beweisen. Als junge Polizistin bist du auf der alleruntersten Hierarchiestufe.

Und du, Jana?

Jana: Fünf Jahre sind eine so lange Zeit, nach fünf Jahren kann man kaum in seinen früheren Job zurück, da ist man weg vom Fenster. Ich habe noch einige Jahre länger durchgehalten, bevor ich mich durchringen konnte, den Job als Polizistin aufzugeben. In meinen Lehrberuf zurückzukehren, war schwierig, aber abgesehen vom Lohn und einigen sehr positiven Begegnungen mit Menschen, die ich haben durfte, vermisse ich es nicht, Polizistin zu sein. Ich hatte nach der Schule und einer Sonderausbildung einige Jahre in der Opferermittlung gearbeitet, einer Art Spezialtruppe im Bereich sexualisierte Gewalt, das war psychisch eine grosse Belastung.

Wie hast du die Zeit in dieser Spezialtruppe erlebt?

Jana: Es war sehr intensiv. In dieser Gruppe waren wir fast nur Frauen, denn auch wenn ein Junge oder ein Mann betroffen ist, ist eine Frau im Zweifelsfall doch die bessere Ansprechperson. Die Opfer haben gemäss dem Opferhilfegesetz das Recht, jemanden von demselben Geschlecht für die Befragung zu verlangen, sodass wir auch immer noch einen der Kollegen hätten anfordern können.

Wie wurde diese Arbeit von jenen wahrgenommen und beurteilt, die nicht in dieser Sondergruppe waren?

Jana: Ich würde sagen gespalten. Die einen hatten viel Respekt für unsere Tätigkeit, die anderen fragten uns immer wieder, wie man sich so was nur antun könne: in der Nacht rausfahren und «sich diese Lügengeschichten anhören ...».

Das wurde dir so gesagt mit den Lügengeschichten?

Jana: Ja, teilweise war diese Einstellung sehr tief verankert.

Manuela: Es kursieren innerhalb einiger Korps ganz viele falsche Annahmen darüber, wie hoch die Anzahl Falschmeldungen bei Vergewaltigungen sei. Plötzlich heisst es dann: Sechzig bis achtzig Prozent sind Falschmeldungen! Niemand konnte mir je erklären, wie man auf diese Zahlen kam. Aber ist so etwas erst einmal in der Welt und in den Köpfen, wird's eben schwierig mit der Unbefangenheit.

Jana: In meinen fast zehn Jahren bei der Polizei habe ich zwei- oder dreimal Falschanzeigen im Bereich sexualisierter Gewalt erlebt. Aber ich weiss nicht, wie es anderen erging.

Gab es solche Vorurteile über Falschmeldungen auch innerhalb der Sondertruppe?

Jana: Nein, ich habe hier sehr viel Wohlwollen und Einsatzwillen erlebt.

Was fiel dir bei dieser Arbeit besonders schwer?

Jana: Die Fragen, die wir bei der Einvernahme stellen mussten, wirkten für das Opfer teilweise fast ein wenig provokativ. Weil halt auch Fragen zur Ermittlung gehörten wie: Haben Sie Alkohol konsumiert? Was trugen Sie zum Tatzeitpunkt? Wir haben aber gelernt, alle Fragen zu erklären und zu kontextualisieren, etwa dass ich aus Gründen der Kongruenz fragen muss, was jemand getragen hat. Gerade bei länger zurückliegenden Fällen brauchte es von beiden Personen eine genaue Beschreibung der eigenen Kleidung und jener des Gegenübers, um die Situation zu rekonstruieren. Wenn man das so erklärt, dann verstehen es auch die meisten.

Manuela: Genau. Man muss mit den Menschen reden und das eigene Handeln darlegen. Ich glaube, dadurch könnten schon viele Probleme gelöst werden.

Wie wurdest du für diese Sondergruppe ausgebildet?

Jana: Wenn du dich für die Sondergruppe gemeldet, deine Bewerbung abgegeben und die Aufnahmeprüfung mit Fallbeispielen bestanden hast, gab es Kurse, die du besuchen musstest. Diese dauerten teilweise einzelne Tage und teilweise Wochen. Dort ging es um Opferbefragungen, auch um Kindsbefragungen. Wir hatten während dieser Zeit immer wieder einen Austausch mit Forensiker:innen, Psychiater:innen und anderen Expert:innen, ich erachte die Ausbildung wirklich als gründlich und facettenreich. Mir gegenüber sassen jeweils professionelle Schauspieler:innen, die ein Opfer, mal einen Mann, eine Frau oder auch ein Kind spielten und von einem Delikt berichteten. Ich musste dann ihre Aussagen aufnehmen. Die Aufnahmen dieser Gespräche wurden anschliessend gemeinsam ausgewertet mit dem Ziel, zu erkennen, wie du gegen aussen wirkst und was du besser machen kannst: War ich zu suggestiv? Hätte ich sensibler fragen sollen? War ich empathisch, aber deutlich genug?

Nicht alle Korps verfügen über solche Sondergruppen. Wurden diese Besonderheiten der Befragungstechnik auch in der Grundausbildung gelernt?

Jana: Im Fach Kriminologie wurden diese Aspekte bei uns damals angeschnitten, der Fokus lag jedoch bei der Grundausbildung im Bereich der häuslichen Gewalt, auf der Zusammenarbeit mit der Kinder- und Erwachsenenschutzbehörde KESB und auf dem Opferhilfegesetz. Es ist gut möglich, dass das jetzt anders ist. Aber ich würde behaupten: Wenn du heute auf einen Polizeiposten gehst, um Anzeige zu erstatten, weil du sexualisierte Gewalt erlebt hast, kannst du nicht davon ausgehen, dass die Person, welche die Erstbefragung durchführt, über die entsprechende Fachausbildung verfügt oder ausreichend für das Thema sensibilisiert ist.

Die Opfer-beratungs-stellen

Jil*: «‹Nein heisst Nein› hilft dir wenig, wenn du in dem Moment, in dem der Übergriff passiert, kein Wort herausbringst»

Thomas* hatte früher in der Wohnung gewohnt, in die ich damals einzog. Als meine beiden Mitbewohner diese Wohnung übernommen hatten, hatten sie eine Art Scherzvertrag unterschrieben, wonach Thomas und der andere ehemalige Bewohner jederzeit in dieser Wohnung vorbeischauen durften. Ich kannte Thomas nicht näher. Wir teilten einige Bekanntschaften, aber wir waren selbst nie direkt befreundet gewesen.

An einem Abend vor rund zwei Jahren zog ich mit einem Freund abends durch Zürich, in einer Bar trafen wir zufällig auf Thomas und seinen Kumpel. Wir unterhielten uns kurz. Als ich später wieder zu Hause war, klingelte es an der Tür und davor standen Thomas und sein Kollege. Ich liess sie rein und wir tranken noch ein Bier zusammen, schliesslich war auch einer meiner Mitbewohner anwesend, alles war gut.

Irgendwann wurde ich müde und gab den beiden zu verstehen, dass ich bald mal ins Bett müsse. Der andere Mann ging daraufhin, aber Thomas blieb und überredete mich zu einem weiteren Bier. Wir tanzten ein bisschen zusammen in der Küche und amüsierten uns gut, es war harmlos. Danach kommunizierte ich ihm sehr deutlich, dass ich nun wirklich schlafen gehen wolle. Plötzlich fragte er mich, ob er in meinem Bett übernachten dürfe. Es gab kein Wohnzimmer, wo er hätte schlafen können, und meine Mitbewohner schliefen bereits. Ich zögerte kurz, sagte ihm dann aber, dass ich das nicht möchte.

Obwohl ich mehrfach deutlich sagte, dass er jetzt gehen soll, beharrte er weiterhin darauf, bei mir im Bett zu übernachten. Er insistierte und wiederholte, dass er einen weiten

Heimweg habe und am nächsten Tag früh zu einem Geschäftsevent ganz in der Nähe müsse. Irgendwann gab ich nach, ich hatte damals noch nicht die Kraft, bei meinem Nein zu bleiben. Später fand ich heraus, dass er keine zehn Minuten entfernt wohnte.

Ich habe seither sehr viel mit meiner Therapeutin darüber gesprochen, ob es besser gewesen wäre, einen meiner Mitbewohner zu wecken und Thomas bei ihm übernachten zu lassen. Aber ich war müde, die Diskussion erschöpfte mich. Also willigte ich ein, aber nur unter Bedingungen. Ich sagte zu ihm: «Du kannst hier schlafen, aber du respektierst meinen Körper.» Er sagte: «Ich respektiere ein Nein», daraufhin antwortete ich: «Okay, dann spreche ich jetzt ein Nein aus, du berührst mich nicht.» Er nickte zustimmend.

Ich ging davon aus, dass er wirklich nur bei mir übernachten möchte. Zwar hatten wir immer wieder mal miteinander geflirtet und auch an diesem Abend alberten wir zusammen rum und kamen uns etwas näher, aber mehr war da nicht von meiner Seite. Ich war nie ernsthaft an ihm interessiert gewesen und hatte ihm das auch mit klaren Worten zu verstehen gegeben.

Dennoch war ich vorsichtig, und aus diesem Grund war es mir auch so wichtig gewesen, deutliche Bedingungen zu stellen, damit er wirklich wusste, dass ich nichts weiter von ihm wollte und nicht irgendwie «hard to get» spielte.

Als wir in mein Zimmer gingen, fragte ich ihn, ob er ein Pyjama möchte, was er verneinte. Aber ich wollte nicht neben ihm liegen, wenn er oben ohne war. Also reichte ich ihm ein T-Shirt und redete von da an auch ziemlich harsch mit ihm, separierte die Kissen und wies ihm eine Seite des Bettes zu, um noch einmal deutlich zu machen, dass ich auch nicht kuscheln wollte, und damit es auch etwas Leerraum zwischen uns gab. Irgendwann schlief ich ein.

In der Nacht wachte ich plötzlich auf, weil ich merkte, dass etwas nicht stimmte. Meine Hose und meine Unterhose hingen zwischen meinen Beinen, und Thomas lag hinter mir, rieb seinen erigierten Penis an meinem Po und versuchte, in mich einzudringen. Im ersten Moment war ich wie erstarrt und wusste nicht, was mit mir geschah. Schliesslich konnte ich mich ein wenig aus der Starre lösen und schob ihn so fest ich konnte von mir weg, blieb jedoch liegen. Ich fühlte mich, als hätte ich kurzzeitig die Kontrolle über meinen Körper verloren, und war nicht in der Lage, mich zu rühren. Alles, was ich spürte, waren Ekel und Angst. Ich lag also dort, und er robbte wieder zu mir hin und fing erneut an, meine Hüfte und meine Brüste zu berühren. Ich schob seine Hand weg, aber er versuchte trotzdem wieder und wieder, in meinen Intimbereich zu fassen und meine Unterhose erneut herunterzuziehen. Ich brachte kein Wort heraus, aber ich versuchte, ihn jedes Mal wieder mit aller Kraft wegzustossen, und hielt meine Unterhose fest. Irgendwann hörte er auf und ich blieb neben ihm liegen. Ich wusste nicht, was ich tun sollte und was hier gerade passiert war. Sollte ich einfach versuchen, wieder einzuschlafen, und so tun, als wäre nichts gewesen? Meine Gedanken rasten. Schliesslich schaffte ich es doch noch aufzustehen und ging ins Bad. Als ich zurück ins Zimmer kam, lag er ausgestreckt auf meinem Bett mit seinem erigierten Penis in der Hand.

Ich verliess die Wohnung. Draussen rief ich meinen besten Freund an, aber wir wussten beide nicht so recht, was wir tun oder sagen sollten. Ich schaffte es auch nicht, genau zu beschreiben, was geschehen war. Er lud mich in seine Wohnung ein und dort harrte ich aus, bis es Morgen wurde. Nachdem ich mit meinen Mitbewohnern abgeklärt hatte, dass Thomas nicht mehr dort war, ging ich nach Hause und wechselte meine Bettwäsche. Ich duschte so heiss, wie ich nur konnte. Die Hose und Unterhose hatte ich, wie sich später herausstellte, zum Glück nicht sofort gewaschen, sondern erst in den Wäschekorb geworfen.

Zunächst redete ich mir ein, dass das alles gar nicht so schlimm gewesen sei, ich war ja nicht vergewaltigt worden.

Ich glaube, ich machte damals genau das durch, was vielen anderen in meiner Situation auch durch den Kopf gegangen wäre: Ich gab mir selbst die Schuld und machte mir Vorwürfe. Warum hatte ich ihn bei mir übernachten lassen? Warum habe ich mich nicht noch deutlicher ausgedrückt? Es war absurd, alles drehte sich. In den folgenden Tagen liess ich die Gedanken an das Geschehene nur stückweise zu.

Am Wochenende fuhr ich mit einem guten Freund in die Berge und wir übernachteten zusammen in seinem Bus, wie Dutzende Male davor auch. Schmerzlich wurde mir klar, dass ich in seiner eigentlich so vertrauten Nähe unerwartet Angst hatte, zitterte, nicht schlafen konnte. Am nächsten Morgen sprach er mich darauf an. Ich konnte mich ihm gegenüber etwas öffnen und wir googelten nach Informationen, was ich nun tun sollte. Vor diesem Tag hatte ich gar nicht gewusst, dass es so etwas wie Opferhilfestellen gibt, geschweige denn, was diese genau machen. Erst als ich anfing zu suchen, merkte ich, dass es ganz viele Anlaufstellen gibt und diese auch auf ganz bestimmte Themen spezialisiert sind.

Mit der Unterstützung des Freundes rief ich die Frauenberatung sexuelle Gewalt in Zürich an, doch ausgerechnet an diesem Tag befanden sich alle Mitarbeiterinnen auf einem Teamausflug. Ich rief bei anderen Beratungsstellen an, wurde jedoch immer an die auf meinen Fall spezialisierte Stelle zurückverwiesen. Ich muss sagen, dass es für mich ziemlich schwierig war, dass ich nicht sofort jemanden erreichte. Es kostete mich viel Überwindung, das Telefon am nächsten Tag noch mal in die Hand zu nehmen, und ohne die Unterstützung des Freunds, der dann auch als Erster anrief und den Hörer erst später an mich weitergab, hätte ich das womöglich gar nicht geschafft.

Als wir die Beratungsstelle erreichten, stellte sich heraus, dass der nächste Beratungstermin vor Ort erst in drei Wochen verfügbar war. Das war ein Schock für mich. Ich wusste, dass ich nicht so lange warten konnte, in diesem Moment war ich entschlossen, eine Anzeige zu machen, und ich hatte Angst, dass diese Entschlossenheit verfliegen würde, wenn ich jetzt nicht handelte. Zum Glück war die Beraterin am anderen Ende sehr verständnisvoll und bot mir an, sofort eine telefonische Beratung durchzuführen, um mir eine erste Orientierung zu verschaffen. Sie erklärte mir die Vorgänge bei der Polizei und beantwortete meine Fragen zum Ablauf. Sie sagte mir auch, was ich für die Beweissicherung mitnehmen solle. Es war eine kurze, aber fachlich sehr solide Beratung.

Drei Wochen nach diesem ersten Telefonat hatte ich dann meinen Termin bei der Opferhilfestelle. Das war gut. Ich bekam eine persönliche Beraterin zur Seite gestellt, die mich während der ganzen Dauer des Prozesses begleitete. Ich empfand sie als warme und kompetente Person, und was mir wichtig war: Ich verspürte von ihrer Seite her nie Mitleid, aber Mitgefühl. Beim ersten Besuch machten wir zusammen eine Standortbestimmung, ich durfte so viel oder so wenig erzählen, wie ich wollte, und wir definierten gemeinsam die nächsten Schritte. Das erste halbe Jahr traf ich mich fast wöchentlich mit meiner Beraterin, später vermittelte sie mir dann eine Therapeutin, mit der ich den Aufarbeitungsprozess fortsetzen konnte. Sie empfahl mir auch gleich zu Beginn eine sachkundige Anwältin, die mich von da an durch den rechtlichen Prozess führte.

Zusammen mit meiner persönlichen Beraterin begleitete mich meine Anwältin bei allen Einvernahmen bei der Staatsanwaltschaft und vertrat mich später auch vor Gericht. Anfangs wurden ihre Kosten durch die tausend Franken Soforthilfe gedeckt, die ich von der Opferhilfestelle zugesprochen bekam. Später füllten wir einen Antrag auf unentgeltliche Rechtsberatung aus. Ich war sehr froh, dass ich mich zu keinem Zeitpunkt um die Finanzierung meiner Anwältin, aber auch der Therapie und um andere Kosten kümmern musste. Ich wäre nicht imstande gewesen, das auch noch zu stemmen. Dass alles so unbürokratisch und unkompliziert verlief, überraschte mich positiv.

Ich hatte während der ganzen Zeit der Zusammenarbeit mit der Opferhilfe das Gefühl, dass ich nicht denken musste, wenn ich es nicht wollte. Ich fühlte mich aufgefangen und gestützt, zumal ich damals die Tendenz hatte, Termine zu vergessen oder nötige Formulare nicht zeitgerecht auszufüllen.

Trotz allen Entgegenkommens würde ich mir dennoch wünschen, dass niemand drei Wochen auf einen Termin bei der Opferhilfe warten muss. Ich glaube, hier braucht es einfach mehr Personal und mehr Mittel. Dass ich eine telefonische Beratung bekommen hatte, war ein Akt der Kulanz und nicht selbstverständlich, in anderen Worten: Ich hatte einfach Glück.

In der Zeit zwischen dem ersten Telefonat mit der Opferhilfe und dem persönlichen Termin hatte ich bei der Polizei Anzeige gegen Thomas erstattet. Ich hatte anfangs ziemlichen Bammel, da meine sonstigen Erfahrungen mit der Polizei nie wirklich positiv gewesen waren. Aber die Frau, die mich einvernahm, hörte mir zu, nahm sich Zeit für mich, war geduldig und offensichtlich fachlich geschult. Sie fragte mich am Schluss der Einvernahme, ob ich die Anzeige nun definitiv machen möchte, und erklärte mir, was es bedeuten würde. Ich war überfordert und sagte ihr, dass ich trotz anfänglicher Entschlossenheit weiterhin etwas zögerte. Die Polizistin entgegnete, dass sie mich verstehe, und redete mir gut zu. Dann sagte sie: «Wenn du das nicht für dich machen magst, dann mach es für alle anderen. Ich bin sicher, dass jemand wie er nicht zum letzten Mal übergriffig geworden ist.»

Das überzeugte mich, ich unterschrieb die Anzeige.

Von da an ging alles schnell.

Der Polizist, der die Ermittlung gegen Thomas leitete, meldete sich ein paar Tage später, es war Samstag, telefonisch bei mir und informierte mich darüber, dass sie Thomas abgeholt hätten und er die Nacht in Untersuchungshaft verbringen würde. Ein Polizist kam dann zu mir nach Hause, sicherte Beweise in meinem Zimmer und ging mit mir sehr geduldig den ganzen Papierkram durch.

Erst später passierten viele Dinge, die mich bis heute irritieren.

Bevor ich bei der Staatsanwaltschaft aussagen musste, hatte ich ausdrücklich verlangt, dass ich Thomas nicht begegnen möchte. Doch unsere Wege kreuzten sich im Rahmen des Verfahrens immer wieder.

Während der Einvernahme bei der Staatsanwaltschaft durfte mir auch Thomas' Anwalt Fragen stellen, Thomas hörte von einem anderen Raum aus zu. Meine Anwältin und meine Beraterin von der Opferhilfe sassen hinter mir. Dieses Setting war sehr angenehm für mich. Unangenehm war allerdings das, was der Anwalt von Thomas sagte. Er wollte wissen, ob mir bereits früher einmal so etwas passiert sei. Er deutete an, dass das alles vermutlich nur auf ein unverarbeitetes Trauma zurückzuführen sei und ich mir das Geschehene nur eingebildet hätte.

Klar, in meiner Jugend bin ich mit Grenzüberschreitungen und Übergriffen konfrontiert gewesen, aber das eine hat mit dem anderen doch nichts zu tun. Thomas' Anwalt sagte auch, ich hätte doch auch mit Thomas geflirtet, also eindeutig Interesse bekundet. Das empfand ich als Schlag ins Gesicht.

Ich weiss nicht, was Thomas seinem Anwalt erzählt hat, was seine Darstellung der Geschehnisse ist. Ich weiss nur, dass er in seinem Freundeskreis nicht darüber spricht und das Thema auffallend meidet.

Thomas wurde einige Tage nach mir von der Staatsanwaltschaft befragt und ich hörte aus dem Übertragungsraum zu. Auch dieses Mal hatte ich im Vornherein explizit gesagt, dass ich ihn nicht sehen wolle. Doch als ich das Gebäude betrat, sass er dort im Eingangsbereich. Das löste bei mir Angst, eine unglaubliche Wut und Trauer aus. Ich war mit der Situation total überfordert. Ich spürte, wie es mich retraumatisierte, ihn so nah zu haben. Ich wollte auch nicht, dass er mich sieht.

Er musste bei der Einvernahme nicht viel sagen, eigentlich nur seine Aussagen von der polizeilichen Einvernahme bestätigen. Ich wurde viel intensiver ausgefragt. Er sprach von

Schlafstörungen und davon, dass er sich an nichts erinnern könne. Sein Anwalt behauptete sogar, Thomas habe Parasomnie oder Sexsomnie, eine seltene Form von Schlafstörung, bei der man unbemerkt sexuelle Handlungen an sich selbst oder einer anderen Person vornimmt. Meine Anwältin setzte dort an und fragte ihn, ob ihm etwas Ähnliches schon einmal widerfahren sei, was er verneinte. Ich konnte nur einen Teil seiner Aussage im Übertragungsraum mitverfolgen, dann musste ich den Raum verlassen, weil ich es nicht mehr aushielt, ich wartete draussen auf dem Flur.

In der Zeit bis zur Gerichtsverhandlung verkaufte ich mein Bett und zog um. Ich wollte nicht, dass Thomas weiss, wo ich wohne. Ich hatte Angst, dass er plötzlich vor meiner Türe stehen würde. Meine Anwältin sagte vor Gericht, dass meine Wohnung für mich «wie kontaminiert» gewesen sei. Das beschreibt gut, wie ich mich fühlte.

Ich beantragte explizit bei der Staatsanwaltschaft, dass meine aktuelle Adresse nicht auf der Anzeige und den anderen Dokumenten steht, die auch an ihn gehen. Laut Opferhilfegesetz ist es sehr gängig, dass man da einfach «c/o» und die Adresse der Anwältin angibt. Jedoch vergass das Gericht offenbar meinen Antrag und verschickte alle Unterlagen mit meiner aktuellen Adresse.

Jeden Abend kontrollierte ich drei Mal, ob die Haustüre abgeschlossen war, auch meine Zimmertüre schloss ich ab. Eine Zeit lang war das ein richtiger Kontrollzwang. Die Therapeutin, die mir von der Opferhilfe vermittelt worden war, sagte, dass es leider oft vorkomme, dass die Adresse trotz gegenteiliger Zusicherung weitergegeben werde.

Dann kam der Prozess. Am Anfang war ich allein im Übertragungsraum, vor Gericht wurde ich von meiner Anwältin vertreten. Meine Aussage bei der Staatsanwaltschaft war gefilmt worden, sodass ich nicht noch einmal aussagen musste. Dafür war ich sehr dankbar. Dennoch war es hart. In der zweiten Hälfte des Prozesses, vor der Pause, lag ich auf dem Boden, umklammerte ein Kuscheltier und hielt mir die Ohren zu. Ich hielt das nicht mehr aus. Es war für mich katastrophal zu hören, was Thomas' Verteidiger über mich sagte, wie er von mir sprach.

Was mich auch sehr verletzte: Kein einziges Mal wurde vor Gericht erwähnt, dass ich von Anfang an deutlich Nein gesagt hatte, irgendwie hat das gar keine Rolle gespielt. Auch beim Schuldspruch hiess es dann, dass der Angeklagte beim nächsten Mal vielleicht «freundlicher probieren sollte herauszufinden, ob die andere Person es will oder nicht». Ich sass nur da und schüttelte den Kopf. Ich hatte Nein gesagt. Da gab es nichts herauszufinden, es war doch meine Bedingung, dass er mein Nein respektiert. Ich begriff aber auch: «Nein heisst Nein» hilft dir wenig, wenn du in dem Moment, in dem der Übergriff passiert, kein Wort herausbringst.

Obwohl Thomas verurteilt wurde, setzte mir das Strafmass zu. Er bekam wegen Schändung und sexueller Belästigung rund zehn Monate Gefängnisstrafe, bedingt auf zwei Jahre, tausend Franken Busse und er musste eine Genugtuungszahlung von zweitausend Franken leisten. Ich kenne Menschen, die für unerlaubtes Plakatieren dasselbe Strafmass erhalten haben. Dieser verdammten Wand geht es doch nachher nicht schlechter als vorher, aber mein ganzes Leben hat sich verändert. Ich kann meinen Pflegeberuf in der Eins-zu-eins-Betreuung nicht mehr wahrnehmen, weil ich es nicht mehr schaffe, mit einem fremden Mann allein zu sein. Jede Form von Sexualität war für mich lange Zeit gar nicht möglich und auch jetzt geht Sex nur bedingt, mit viel Kommunikation und ständigen Check-ins. Ich habe meine Unbeschwertheit verloren. Ich habe Angst, wenn ich allein draussen unterwegs bin. Eine öffentliche Toilette in der Nacht aufzusuchen, löst bei mir Panik aus.

Dennoch war ich nach dem Schuldspruch sehr erleichtert, ich dachte mir: Jetzt ist alles vorbei. Auch wenn das Strafmass gering ausfiel und auch wenn mein Nein kein einziges Mal erwähnt wurde: Ich merkte, wie eine riesige Last von mir abfiel. Ich wusste, dass ich mit einer Traumatherapie beginnen konnte.

Knapp zwei Monate nach dem Schuldspruch vor dem Bezirksgericht informierte mich meine Anwältin darüber, dass Thomas und sein Anwalt den Prozess an das Obergericht weiterziehen wollen. Seine Verteidigung hatte neue Beweisanträge gestellt, etwa dass ich noch einmal aussagen müsste und dass bestimmte Zeugen erneut befragt würden. Thomas' Verteidiger spielte weiterhin mit dem Konzept, ich hätte mir das Ganze basierend auf früheren Traumata nur eingeredet, um einen Seitensprung vor meinem Freund zu vertuschen. Dabei hatte ich zu diesem Zeitpunkt gar keinen festen Partner. Dass ein Widerspruch bestand zwischen Thomas' ursprünglicher Aussage, er erinnere sich an nichts, und dieser neuen Darstellung der Ereignisse, nach der doch etwas passiert sei, merkte wohl auch das Gericht: Die neuen Beweisanträge wurden allesamt zurückgewiesen. Ich würde vermutlich nicht erneut aussagen müssen.

Rückblickend würde ich die Anzeige dennoch wieder machen. Auch wenn vieles nicht ideal verlaufen ist. Ich hätte mir gewünscht, ihm nicht bei jedem Termin begegnen zu müssen und dass er meine Adresse nicht erfahren hätte. Ich wünschte, sein Anwalt hätte mir nicht solche absurden Fragen stellen können. Und ich wünschte, der Richter hätte mir nicht gesagt, ich hätte falsche Signale gesendet und Thomas zur Tat verleitet. Ich habe Nein gesagt. Mehrfach und deutlich.

Irgendwann ertappte ich mich bei dem Gedanken, dass es vielleicht doch meine Schuld gewesen sei. Das darf nicht passieren.

Nachtrag: Ende Oktober 2022 fand der Berufungsprozess vor dem Obergericht statt. Die Verhandlung dauerte fast vier Stunden, die Klägerin verfolgte den Prozess aus einem Übertragungsraum und liess sich vor Gericht durch ihre Opferanwältin vertreten. Der Angeklagte wurde erneut befragt, wie auch ein Zeuge, den die Verteidigung ins Feld führte und der bezeugen sollte, dass der Angeklagte an einem gestörten Schlafverhalten leide. Seine Zeugenaussage stützte sich hierbei auf ein Ereignis, das sich knapp drei Wochen vor dem Gerichtstermin zugetragen haben soll, wobei Thomas seinen Kollegen während einer Übernachtung im Schlaf umarmte.

Bei seinem Plädoyer liess der Anwalt des Angeklagten, der auf Freispruch «in dubio pro reo» plädierte, verlauten, das vermeintliche «atypische» Verhalten des Angeklagten sei von der Anklägerin erfunden worden oder aber im nicht bewussten Zustand passiert, da man gemäss «Lebenserfahrung» schliesslich sagen müsse, dass jeder «normal denkende» und «wache Mann» versucht hätte, die Klägerin vaginal oder anal zu vergewaltigen und sich nicht einfach «an ihr gerieben oder masturbiert» hätte.

Das Obergericht liess sich davon nicht beirren und bestätigte schliesslich den erstinstanzlichen Schuldspruch gegen den Angeklagten.

SCHLAFZIMMER

Agota Lavoyer: «Es gibt wirklich viele misogyne Vorurteile»

Agota Lavoyer hat viele Jahre bei Lantana, der Fachstelle Opferhilfe bei sexualisierter Gewalt in Bern, und bei der Opferhilfestelle des Kantons Solothurn gearbeitet. Wenn jemand weiss, welche falschen Vorstellungen von Opfern, Tatpersonen und Vergewaltigungen es gibt und inwiefern sie die Strafverfolgung beeinflussen, dann ist es sie. Heute ist sie selbständige Beraterin, Referentin und Kolumnistin. Im Jahr 2022 ist ihr Buch «Ist das okay?» erschienen, ein Kinderfachbuch zur Prävention von sexualisierter Gewalt.

Agota Lavoyer, welche gesellschaftlichen Vergewaltigungsmythen gibt es?

Grundsätzlich kann man sie in drei Kategorien einteilen: falsche oder stereotype Vorstellungen von den Tatpersonen, den Opfern und davon, wie ein solcher Gewaltakt abläuft.

Welche Vorstellungen vom Gewaltakt selbst sind verbreitet?

Es gibt einerseits die Vorstellung des Sexualdelikts als Übergriff, der aus einem Trieb heraus passiert: Männer vergewaltigen aus der unbändig grossen Lust, die sie vermeintlich haben. Man stellt sich vor, dass der Mann sich nicht mehr gespürt hat oder sich nicht mehr zurückhalten konnte. Natürlich gibt es auch Fälle, die diesem Klischee entsprechen. Aber in den allermeisten Fällen hat sexualisierte Gewalt sehr wenig mit sexueller Lust zu tun.

Sondern?

Es geht vielmehr um Gewalt und Macht. Gewalt wird ausgeübt, um einem Machtverlust entgegenzuwirken, um das Gegenüber zu kontrollieren und zu demütigen. Der Täter benutzt Gewalt gegen seine Ohnmacht, er versucht, kurzzeitig seine Vorherrschaft zu behaupten. Das gilt übrigens auch für häusliche Gewalt. Aber Vergewaltigungen werden nicht umsonst auch als Waffe im Krieg eingesetzt: Auch hier geht es unter anderem darum, zu zeigen, dass man Macht über andere ausüben kann, indem man sie dominiert und die Menschen, die der Feind sind, degradiert oder gar entmenschlicht.

Welche anderen falschen Vorstellungen in Bezug auf sexuelle Übergriffe gibt es noch?

Viele stellen sich vor, dass der Übergriff sehr viel gewalttätiger ist – im Sinne von grober, aggressiver –, als er es in Wirklichkeit ist: dass der Täter sehr brutal ist, das Opfer alles versucht, um sich zu wehren, sich loszureissen, zu schreien, es aber nicht schafft, und er ihm deshalb Gewalt antun kann. Das entspricht oft nicht der Realität.

Wie sieht die Realität aus?

Den meisten Vergewaltigungen gehen harmlose Situationen voraus: Man hat Spass, fängt vielleicht an, rumzuknutschen. Und dann signalisiert die Frau, dass sie nicht mehr weitermachen will, und der Mann übergeht ihren Willen. Oft ist es auch so, dass der Übergriff gar nicht so lange dauert, wie man es sich vielleicht vorstellt: Eine Penetration passiert im Prinzip ja sehr schnell. Und trotzdem, auch wenn es nur zwei Sekunden dauert, ist es eine Vergewaltigung, wenn es ohne Einvernehmen geschieht. Diese Vorstellung haben auch viele Opfer: Eine Frau hat mir einmal erzählt, dass ihre Vergewaltigung sehr «unspektakulär» abgelaufen sei. Sie hat wirklich dieses Wort benutzt: unspektakulär. Das klingt natürlich zuerst seltsam, aber man muss das einordnen: Ihr Übergriff dauerte sehr kurz und sie waren beide währenddessen still. Das widerspricht also komplett der Vorstellung, die man gemeinhin von einer solchen Tat hat. Es gab im Sommer 2021 tatsächlich einen

Gerichtsfall in Basel, wo die Gerichtspräsidentin das Verschulden des Täters als weniger gravierend einstufte, weil der Übergriff «relativ kurz» – elf Minuten! – gedauert habe.[16] In einem anderen Gerichtsurteil wurde die Tatsache, dass die Kleider der Frau unversehrt blieben, als fragwürdig bei einer Vergewaltigung aufgeführt. Diese Beispiele zeigen, dass auch bei Fachpersonen noch immer stereotype Vorstellungen über den Tathergang verbreitet sind.

Kommen wir zum nächsten Mythos: stereotype Vorstellungen bezüglich der Täterschaft.

Viele haben bei einer Vergewaltigung das Bild im Kopf, dass ein fremder, psychisch gestörter Mann eine Frau überfällt und sie missbraucht. Zum Beispiel in einer Bahnhofsunterführung oder in einem Park mit wenig Beleuchtung. Das impliziert einerseits, dass das Opfer den Täter vorher nicht kannte. In über achtzig Prozent der Vergewaltigungen war der Täter dem Opfer vorher aber bekannt. Und andererseits gibt es noch immer das vorherrschende Bild, dass die «echten» Vergewaltiger psychopathische Männer sind. Mit diesem gesellschaftlichen Narrativ schiebt man das Thema sexualisierte Gewalt aber ganz weit weg von sich selbst und dem eigenen Umfeld.

Inwiefern?

Indem man Sexualstraftäter pathologisiert und davon ausgeht, dass das keine «normalen» Männer sind, sagt man: Das sind nicht unsere Freunde, Väter, Brüder oder Arbeitskollegen. Die sind ja keine Psychopathen, die kenne ich, das sind normale Männer. Das entspricht insofern nicht der Realität, als dass die Opfer wie gesagt die Täter vorher oft bereits kannten; was bedeutet, dass wir den Täter ziemlich sicher selbst auch kennen, wenn wir das Opfer kennen. Diese Feststellung überfordert. Denn sie würde bedeuten, dass man sich die Frage stellen muss: Wie kann es sein, dass «normale» Männer solche schlimmen Taten begehen? Wie gehe ich mit diesen Männern um?

Welches sind die gesellschaftlichen Vorurteile gegenüber Opfern von sexualisierter Gewalt?
Es gibt wirklich viele misogyne Vorurteile. Diese äussern sich etwa darin, dass man zuerst infrage stellt, ob der Übergriff überhaupt passiert ist oder ob die Betroffene vielleicht einfach ein bisschen sensibel ist, übertreibt, nicht klar genug Nein gesagt oder gar gelogen hat. Damit bagatellisiert man die Gewalt oder stellt die Frau als Lügnerin hin. Ein anderes Vorurteil, mit dem Betroffene kämpfen: Sie wollte das doch. Der Frau wird dann zum Beispiel vorgeworfen, es habe ihr doch eigentlich gefallen oder dass sie den Mann der Vergewaltigung bezichtigt, weil sie den Sex im Nachhinein bereue. Die gesellschaftliche Haltung, dass Frauen insgeheim alle dominiert und einfach «richtig hart rangenommen» werden wollen, gibt es nach wie vor. Und dann gibt es natürlich noch die Schuldzuschreibung: Wäre sie nicht allein in diesen Club gegangen, hätte sie nicht so viel getrunken, hätte sie sich nicht so aufreizend angezogen, hätte sie nicht geflirtet, hätte sie nicht fremde Männer über Tinder gedatet und wäre sie nicht mit ihnen nach Hause gegangen, wäre ihr das nicht passiert. Diese Argumentationsweise nennt man Victim Blaming.

Was bedeutet das?
Man sagt damit: Die Frau sollte diese Risikoeinschätzung machen können, und wenn sie sich zu riskant verhält, wird das als Erklärung herangezogen, wieso ihr die sexualisierte Gewalt angetan wurde. Die Fehlannahme, dass Frauen Männer zu Gewalt provozieren würden und daraus abgeleitet, dass Frauen ihr Verhalten anpassen sollten, um Männergewalt zu vermindern, ist fatal, aber leider sehr verbreitet. Hinzu kommt, dass auch Staatsanwaltschaften und Gerichte immer wieder die Aussagen der Opfer als unglaubwürdig einstufen, weil sich das Opfer vermeintlich «untypisch» verhalten hat. Dies, obwohl heute hinlänglich bekannt ist, dass es «das» typische Opferverhalten bei sexualisierten Übergriffen nicht gibt. In

einem Gerichtsurteil wurde zum Beispiel festgehalten, dass es «nicht lebensnah» sei, dass das Opfer nicht um Hilfe geschrien hat. Die fehlende Unterstützung, die Betroffene im Umfeld und zum Teil auch von Fachpersonen erfahren, hindert sie daran, die Tat aufarbeiten zu können.

Welche Auswirkungen hat das?

Es führt zum Beispiel dazu, dass sie sich lange keine Hilfe holen und erst Monate oder Jahre später zu einer Opferberatungsstelle kommen. Viele erstatten keine Anzeige. Weil sie sich schämen, sich schuldig fühlen oder die Tat sogar selbst kleinreden und verharmlosen – eben weil sie mit diesen Vorurteilen aus dem Umfeld und der Gesellschaft konfrontiert werden oder diese Vorurteile im Kopf haben. Und natürlich: weil sie Angst haben, dass man ihnen nicht glaubt. Gefühlte neunzig Prozent der Betroffenen, mit denen ich gearbeitet habe, sagten: «Ich gehe nicht zur Polizei, die werden mir dort sowieso nicht glauben.» Das hat mich immer frustriert, obwohl ich diese Angst nachvollziehen kann. Aber im Prinzip ist es nicht die Aufgabe der Polizei, dem Opfer zu glauben oder nicht. Die Aufgabe der Polizei ist es, mit einer detaillierten Einvernahme den Sachverhalt abzuklären. Leider habe ich es aber auch schon erlebt, dass die Polizei Fragen stellte, die aus Sicht des Opfers vorwurfsvoll waren und entweder eine Mitverantwortung an der Tat oder fehlende Glaubwürdigkeit implizierten.

Welche Rolle spielen diese Vorurteile und Reaktionen im Verarbeitungsprozess der Betroffenen?

Es ist aus der Forschung zur Psychotraumatologie bekannt, dass diese Reaktionen – sowohl vom Umfeld als auch von Fachpersonen – eine essenzielle Rolle bei der Verarbeitung des Erlebten spielen. Zudem ist auch die Frage wichtig, ob sich die Betroffenen selbst als Opfer sehen oder nicht. Auch das kann von den Reaktionen aus dem Umfeld beeinflusst werden. Durch die gesellschaftlichen Vorurteile und die Scham, die damit einhergeht, haben sehr viele Betroffene Mühe damit, sich so zu bezeichnen. Darum das Verharmlosen und Wegschieben. Weil das einfacher ist, als zu sagen: «Ich bin Opfer, ich wurde vergewaltigt.» Aber erst wenn eine Person anerkennt, was ihr angetan wurde, kann sie verarbeiten und heilen.

Das haben uns viele Frauen gesagt während der Recherche: «Ich sehe mich nicht als Opfer. Ein Opfer ist schwach.»
Ja, das ist ein weiterer sehr weit verbreiteter Mythos. Als ich noch bei der Opferhilfe gearbeitet habe, haben wir uns im Team immer wieder mit dieser Thematik beschäftigt und diskutiert, ob es hilfreich ist, wenn wir Frauen sagen, dass sie Opfer eines Sexualdelikts wurden, obwohl sie selbst die Tat verharmlosen. Wir kamen immer zum Schluss, und davon bin ich auch heute noch überzeugt: Wer, wenn nicht wir Fachpersonen, die mit Betroffenen arbeiten, benennt das, was ihnen passiert ist, als Unrecht und ordnet es richtig ein? Die Antwort ist eigentlich völlig klar: Wenn nicht wir das machen, dann macht es ziemlich sicher niemand. Die Betroffenen selbst nicht, das Umfeld nicht und die Strafverfolgung vielleicht auch nicht.

Spielen die von Ihnen beschriebenen Vorurteile auch eine Rolle bei der Strafverfolgung?
Ja, leider, wenn auch nicht mehr so stark wie noch vor zehn oder zwanzig Jahren. Bei Begleitungen begegnete ich oft Situationen und Aussagen, wo diese Mythen ins Spiel kommen. Ich kann mich an einen Fall erinnern: Die Polizistin fragte die Frau nach der Telefonnummer und dem Nachnamen des Beschuldigten. Sie antwortete, dass sie die Nummer nicht habe und auch seinen Nachnamen nicht wisse. Die Polizistin fragte dann, warum die Frau überhaupt mit dem Mann nach Hause gegangen sei. Das klingt jetzt vielleicht nicht so schlimm, aber die Polizistin hat das auf eine sehr vorwurfsvolle Art gefragt. Aber: Was ist daran denn verwerflich? Natürlich kann es passieren, dass man bei einem One-Night-Stand zu jeman-

dem nach Hause geht, ohne den Nachnamen der Person zu kennen oder die Nummer erfragt zu haben. Ich hatte zudem immer wieder das Gefühl, dass die Polizist:innen es als weniger glaubwürdig erachteten, wenn eine Frau zu wenig Emotionen zeigte bei der Einvernahme. Dabei ist es psychotraumatologisch erklärbar, dass Betroffene die Gefühle abspalten und versuchen, möglichst distanziert vom Vorfall zu berichten.

Oder aber man glaubt ihnen nicht, weil sie zu sehr weinen – zu «hysterisch» sind.

Genau. Klar, es ist schwierig, mit einem Menschen umzugehen, der vor dir fast zusammenbricht. Auch hier habe ich immer wieder erlebt, dass das Gegenüber dann an der Glaubwürdigkeit der Frau zweifelte. Man kann es als Opfer also kaum «richtig» machen. Es ist von immenser Wichtigkeit, dass die Strafverfolgungsbehörden genug Wissen über Psychotraumatologie und die Dynamiken sexualisierter Gewalt haben. Erst dann ist eine faire Strafverfolgung möglich.

Kennen Sie noch weitere Beispiele?

Ich habe erlebt, dass die Staatsanwaltschaft die Sexualpartner:innen und Sexualpraktiken der Betroffenen der letzten fünf Jahre abgefragt hat, um daraus Schlüsse zu ziehen über die Gewalttat, die damit nichts zu tun hatte. Wenn die Frau zum Beispiel gern härteren Sex hat und das auch in der Vergangenheit so auslebte, wurde daraus eine Herleitung konstruiert, als wäre die vermeintliche Vergewaltigung konsensueller härterer Sex gewesen. Das Verhalten im Sexualleben einer Person hat aber absolut nichts damit zu tun, ob sie vergewaltigt wird oder nicht. Hier geschieht diese Vermischung von Sex und Gewalt, von der ich vorher gesprochen habe: Eine Vergewaltigung ist kein misslungener Sex oder Sex, den man später bereut. Sondern eine der schlimmsten Formen von Gewalt.

Wie verhält sich ein Vergewaltigungsopfer nach der Tat gemäss gesellschaftlichen Vorurteilen?

Auch hier gibt es ganz viele falsche Vorstellungen. Man geht zum Beispiel davon aus, dass die Betroffenen sich sofort nach der Tat bewusst sind, was ihnen angetan wurde. Davon wird das Verhalten abgeleitet, das ein Opfer an den Tag legen sollte: Dieser Frau geht es nach der Tat sehr, sehr schlecht, sie bricht psychisch total zusammen. Wenn sie aber am Tag nach der Tat ganz normal arbeiten geht, kann das gegen sie ausgelegt werden. Dabei haben alle Betroffenen das Recht, ihr Leben so weiterzuleben wie bis anhin und sich nicht als Opfer fühlen zu wollen. Womöglich gelingt das langfristig nicht, trotzdem ist Verdrängen eine normale und verständliche Reaktion.

Diese Vorstellungen dürften gewisse Reaktionen von Fachpersonen bei der Strafverfolgung ebenfalls beeinflussen, oder?

Ich habe vor Jahren einmal folgendes Beispiel miterlebt: Eine Frau wurde 2017 vergewaltigt und sagte vor Gericht aus, dass 2018 das schlimmste Jahr ihres Lebens war. Also nicht das Jahr, in dem der Übergriff passierte; weil sie erst später anfing, darüber zu sprechen, und deshalb alles über ihr zusammenbrach – die fehlende Unterstützung und die Vorwürfe aus dem eigenen Umfeld waren verheerend. Der Richter fragte sie dann, ob der Übergriff selbst denn wirklich so schlimm gewesen sei, wenn sie nicht das Jahr der Tat als das schlimmste ihres Lebens nenne. Hier wurde ignoriert, wie viel zusätzliches Leid Betroffene erfahren, wenn sie von ihrem Umfeld keine Unterstützung erfahren oder ihnen gar nicht geglaubt wird. Ausserdem wird davon ausgegangen, dass Betroffene auf jeden Fall sofort jemandem vom Übergriff erzählen, weil so etwas ja unmöglich für sich behalten werden könne. Betroffene haben aber sehr gute Gründe, nichts zu erzählen, denn sie wissen, wie in der Gesellschaft mit von sexualisierter Gewalt Betroffenen umgegangen wird. Und: Die breite Bevölkerung denkt, dass die Frau den Fall natürlich sofort anzeigt. Wir wachsen in der Schweiz ja auch so auf, dass jemand zur Polizei geht, wenn ihr oder ihm etwas Ungerechtes passiert ist. Man geht zur Polizei, wenn einem etwas geklaut wird oder wenn man zusammengeschlagen wird auf der Strasse. Also geht man doch logischerweise auch zur Polizei, wenn man vergewaltigt wurde.

Ist das in der Realität nicht der Fall?
Oh nein. Das Perfide ist: Einerseits fehlt oft das Vertrauen in die Polizei. Hinzu kommen die Ängste vor der emotionalen Belastung, die ein Sexualstrafverfahren mit sich bringt, und dass die Tat nicht nachgewiesen werden kann. Andererseits ist es unheimlich schwierig, eine Person anzuzeigen, die man kennt und die man früher vielleicht sogar mochte. Das wird oft total unterschätzt. Und wie gesagt, viele Opfer verdrängen die Tat lange, meist aus Selbstschutz. Viele schämen sich, darum erzählen sie auch lange nichts. All diese Faktoren führen dazu, dass ein Opfer lange wartet, Anzeige zu erstatten, oder es gar nicht tut. Eine andere verbreitete, aber falsche Vorstellung ist, dass die Betroffene nach dem Übergriff sofort flüchtet, wenn sie kann, und mit dem Täter danach den Kontakt abbricht. Das ist aber oft nicht der Fall.

Sondern?
Sehr viele Übergriffe passieren abends entweder beim Opfer oder beim Täter zu Hause. Und meistens bleiben die Opfer nach der Tat noch über Nacht. Weil sie nicht realisieren wollen, was gerade passiert ist. Oder auch, weil sie Angst haben, wie der Täter auf ihr Weggehen reagieren würde. Das kann später bei der Strafverfolgung eine Rolle spielen und zeigt auch auf, dass im Rahmen des Strafverfahrens diesbezüglich wirklich noch zu wenig Wissen da ist, wenn es um das Thema Opferverhalten geht. Ich habe oft in Freisprüchen oder Verfahrenseinstellungen gelesen, dass die Glaubwürdigkeit ange-

zweifelt wird, weil sich ein Opfer «kontraintuitiv» verhalten habe nach dem Übergriff. Ich habe einmal in einem Gerichtsurteil gelesen: «So hat sie beispielsweise nach dem Vorkommnis die restliche Nacht im gleichen Bett wie der Beschuldigte verbracht, was bei einem sexuellen Gewaltdelikt eher nicht zu erwarten wäre.»

Aus welchen Gründen bleiben Opfer denn in Kontakt mit dem Täter?

Einer der häufigsten Gründe ist das Bedürfnis, herauszufinden, was wirklich passiert ist. Betroffene fragen sich, ob sie ihrer Wahrnehmung trauen dürfen oder ob sie «spinnen». Natürlich würden sie nie im Gespräch mit dem Täter herausfinden, ob die eigene Wahrnehmung stimmt. Aber ich verstehe das Verlangen, zu fragen: «Hast du wirklich nicht gehört, dass ich Nein gesagt habe? Hast du wirklich nicht gemerkt, dass ich das nicht wollte?» Viele Betroffene erzählen, dass sie den Täter deshalb aktiv kontaktierten nach der Tat. Dahinter steckt auch die Hoffnung, dass womöglich gar nichts Schlimmes passiert ist, obwohl die meisten Frauen intuitiv spüren, dass das nicht stimmt. Manche verharmlosen die Tat danach auch und reden sich ein: Es war ja nicht so schlimm, wir können schon in Kontakt bleiben. Ich muss da nicht gerade ein Riesending draus machen. Den Kontakt abbrechen kann man oft nicht unbemerkt, gerade wenn der WG-Kollege, der Partner, der Arbeitskollege oder jemand aus der Familie der Täter ist. Man nimmt damit auch das Risiko auf sich, dass es sich herumspricht, dass einem nicht geglaubt wird und sich das Umfeld auf die Seite des Täters schlägt.

Wo sehen Sie auf der institutionellen Ebene noch Verbesserungspotenzial?

Es ist wichtig, zu sehen: In allen Behörden arbeiten Menschen. Sie sind, wie wir alle, von diesen vielen falschen Vorstellungen geprägt. Und diese Vorurteile halten sich hartnäckig. Aber speziell bei Fachpersonen sehe ich schon grossen Handlungsbedarf. Es fehlt noch immer die Umsetzung einer Forderung der Istanbul-Konvention: dass alle Fachpersonen, die mit Opfern sexualisierter Gewalt zu tun haben – Polizei, Staatsanwaltschaften, Gerichte, aber auch Sozialarbeitende, Pflege und Medizin und Bildung –, einerseits im Rahmen der Grundausbildung über die diversen Aspekte häuslicher und sexualisierter Gewalt unterrichtet werden und sie andererseits dazu verpflichtet werden, regelmässige Weiterbildungen dazu zu besuchen. Hier gibt es noch sehr viel Aufholbedarf.

Corina Elmer: «Wir stellen uns parteilich auf die Seite der Opfer»

Das Büro der Opferhilfestelle Frauenberatung sexuelle Gewalt in Zürich ist hell, geräumig und nur durch eine Sicherheitstür erreichbar. Das Risiko einer physischen Konfrontation mit einer gewaltbereiten Person wollen sie hier nicht eingehen, erzählt die Leiterin der Opferhilfestelle, Corina Elmer, bei der Begrüssung. Deswegen gibt es diese Sicherheitstür und deswegen muss jemand ohne Schlüssel eben nochmals klingeln, wenn sie oder er die Toilette auf dem Flur aufgesucht hat. Hinter der Glastür gibt es Sitzmöglichkeiten, beruhigende Kunst an den Wänden, Ständer mit Informationen und Broschüren in diversen Sprachen. Das hier ist kein Ort, der üblicherweise unter guten Vorzeichen aufgesucht wird. Sechs Fachfrauen leisten hier Beratung und Hilfe für Frauen, die Opfer sexualisierter oder häuslicher Gewalt geworden sind, gestern, vorgestern oder vor vielen Jahren.

Corina Elmer stiess vor gut fünf Jahren als Leiterin zur Frauenberatung sexuelle Gewalt. Davor arbeitete die studierte Erziehungswissenschaftlerin unter anderem in einem Frauenhaus und in der Gewaltprävention. In ihrem Büro legt Elmer das «Bundesgesetz über die Hilfe an Opfer von Straftaten (Opferhilfegesetz, OHG)» ausgedruckt auf den Tisch.

Corina Elmer, können Sie mir vereinfacht erklären, wie das Opferhilfegesetz in der Schweiz funktioniert?

Wenn du Opfer einer Gewalttat wirst – das kann ein Raubüberfall sein, physische Gewalt, häusliche Gewalt oder eben sexualisierte –, dann hast du gemäss Bundesgesetz über die Hilfe an Opfer von Straftaten, kurz Opferhilfegesetz oder OHG, einen Anspruch auf unentgeltliche Hilfe, professionelle Beratung und finanzielle Unterstützung, falls du zum Beispiel eine Anwältin oder einen Therapieplatz benötigst. Auch längerfristige Massnahmen bis hin zu Wiedergutmachungszahlungen können über die entsprechende Opferhilfestelle geltend gemacht werden. Zudem gibt es besondere Rechte für Opfer im Strafverfahren und in der Prozessführung, etwa das Recht, von einer Person desselben Geschlechts einvernommen zu werden, oder das Recht, eine Vertrauensperson, zum Beispiel eine Freundin oder auch die Opferhilfeberaterin, bereits während der Ersteinvernahme dabeihaben zu dürfen. Diese spezifischen Rechte sind heute in der Strafprozessordnung geregelt.

Gibt es einen bestimmten Betrag, der einem als Opfer zusteht?

Im Kanton Zürich beträgt die opferrechtliche Soforthilfe zur Deckung der dringendsten Bedürfnisse maximal tausend Franken. Innerhalb dieser Limite können die Opferhilfestellen anhand bestimmter Kriterien gewisse Kosten und die Hilfeleistungen Dritter relativ unbürokratisch finanzieren. Die betroffene Person muss dafür weder einen Strafantrag gestellt haben noch juristisch beweisen, dass etwas passiert ist. Sie muss die Geschehnisse lediglich gegenüber der zuständigen Beraterin glaubhaft machen. Grundsätzlich gehen wir davon aus, dass Personen, die sich bei uns melden, die Wahrheit sagen. Für Entschädigungen oder Ansprüche, die über diese Soforthilfe hinausgehen, gelten jedoch etwas strengere Anforderungen an den Nachweis der Opfereigenschaft.

Damit ich das richtig verstehe: Wenn ich Opfer eines Übergriffs wurde und mich telefonisch bei euch melde, kriege ich neben einer kostenlosen Beratung auch unbürokratisch tausend Franken Soforthilfe zugesprochen?

Nein, ganz so einfach ist es nicht. Spielen wir das Ganze doch mal durch: Du hast eine Gewalttat erlebt, rufst deshalb bei einer Opferhilfestelle an und schilderst am Telefon kurz, weshalb du anrufst. Als Erstes wird abgeklärt, ob du an der richtigen Stelle bist, dann wird dir ein Termin für ein Erstgespräch gegeben und – falls nötig – bereits am Telefon eine erste Krisenintervention geleistet.

Passierte der sexuelle oder physische Übergriff innerhalb der letzten 72 Stunden, klären wir mit dir am Telefon ab, ob du bereits eine medizinische Erstversorgung hattest, sei es aufgrund von Verletzungen, übertragbaren Krankheiten oder im Sinne einer Spurensicherung. Hat noch keine Untersuchung stattgefunden, sagen wir dir, wo du das machen kannst.

Wir schauen dann in einem nächsten Schritt mit dir zusammen, wie es weitergehen kann und was du brauchst, auch finanziell im Sinne der Opferhilfe. Wir unterstützen dich bei der Verarbeitung der Straftat, erklären dir deine Rechte und Möglichkeiten, den Verlauf des Prozesses, falls du Anzeige machen willst, und vermitteln dir bei Bedarf auch rechtlichen oder psychologischen Beistand.

Und wenn der Übergriff schon länger zurückliegt?

Es gibt in der Tat auch Frauen, die erst nach vielen Monaten zu uns kommen, gerade bei Sexualdelikten. Oft bemerken Betroffene erst nach längerer Zeit, welche Auswirkungen das Geschehene auf ihr Leben hat. Sie kommen allein nicht mehr zurecht, leiden unter den Folgeerscheinungen des erlebten Übergriffs oder wünschen eine Anzeigenberatung. Das Vorgehen unsererseits ist ähnlich, schliesslich gelten ebenfalls opferhilferechtliche Ansprüche.

Etwa die Hälfte unserer Klientinnen wird von der Polizei an uns weiterverwiesen. Wenn sich eine Betroffene direkt bei der Polizei meldet, wird als Erstes ihre Aussage aufgenommen. Danach sagt die zuständige Beamtin: «Wir würden sie weiterleiten an eine Opferhilfestelle und in ihrem Namen eine Meldung bei ihr machen, sind Sie damit einverstanden?» Ist die betroffene Person einverstanden, gelangt diese Meldung zu uns und wir nehmen proaktiv Kontakt auf. Wir melden uns direkt bei der Betroffenen, rufen sie an oder schreiben ihr einen Brief, beschreiben unser Angebot und bieten ihr einen Termin an.

Bei sexualisierten Übergriffen gibt es noch immer das Klischee vom fremden Täter, der im Dunkeln lauert. Wie beurteilen Sie das aufgrund Ihrer Erfahrung in der Opferhilfe?

In der überwiegenden Anzahl der Fälle ist der Täter dem Opfer bekannt. Es fällt jedoch vielen wesentlich leichter, einen Fremdtäter anzuzeigen als den eigenen Partner, einen Freund oder eine Vertrauensperson.

Personen, bei denen der Täter dem Opfer bekannt ist, kommen also eher direkt zu Ihnen und die anderen gehen tendenziell zuerst zur Polizei?

Nein, das lässt sich so nicht sagen. Aber Personen, die den Täter kennen, warten meistens viel länger, bis sie sich überhaupt irgendwo melden, weil sie in grosse seelische Konflikte geraten.

Ist die Polizei gemäss OHG dazu verpflichtet, eine Meldung zu machen?

Nur wenn die Betroffene das möchte. Aber es ist laut OHG die Pflicht der Polizei, über die Möglichkeiten der Opferhilfe aufzuklären.

Eine Frau wurde vergewaltigt und machte eine Anzeige, die Polizei verweist sie an Ihre Opferhilfestelle. Was geschieht beim ersten Treffen?

Wir eruieren zuerst, wo die Frau steht und was ihre dringendsten Bedürfnisse sind. Vielleicht hat sie immer noch Fragen zum Strafprozess oder sie hat Unsicherheiten und Ängste bezüglich der Anzeige. Je nachdem, wer der Täter oder die Täterin war, befinden sich die Opfer oft in einem Dilemma, sind eventuell auch Vorwürfen aus ihrem Umfeld ausgesetzt oder haben starke Scham- und Schuldgefühle. All diese Fragen und Unsicherheiten versuchen wir aufzufangen und zu klären. Daneben bieten wir Unterstützung zur Verbesserung des gesundheitlichen Zustands und leisten Soforthilfe für die wichtigsten Bedürfnisse, die als Folge der Straftat entstehen. Wenn Betroffene zum Beispiel noch eine Rechtsvertretung benötigen, schauen wir, dass wir eine spezialisierte Anwältin aus unserem Netzwerk für sie finden können. Viele Klientinnen brauchen zusätzliche therapeutische Hilfe.

Und diese bieten Sie ebenfalls an?

Nein, nur bis zu einem gewissen Grad. Wir selbst leisten psychosoziale Unterstützung und können Strategien oder Techniken zur Stabilisierung vermitteln. Unsere Arbeit ist einerseits sehr bedürfnisorientiert, andererseits sollte die Hilfe, die wir anbieten, in einem unmittelbaren Zusammenhang mit der Gewalttat stehen, sie ist also begrenzt. Je nach Situation haben die Frauen auch noch mit ganz anderen Problemen zu kämpfen, etwa finanzieller Natur aufgrund von Arbeitsunfähigkeit oder Stellenverlust. Manche sind völlig auf sich allein gestellt, haben plötzlich Probleme, die Miete zu zahlen, oder es sind noch Kinder involviert. In diesen Fällen versuchen wir, weiterführende Hilfe durch Dritte, zum Beispiel die Sozialhilfe oder Erziehungsberatung, zu vermitteln. Zudem unterstützen wir die Betroffenen bei der Geltendmachung von Entschädigungs- oder Genugtuungsforderungen.

Hierzu ist noch zu sagen: Wir stehen unter strenger Schweigepflicht, wir treten nur dann mit Dritten in Kontakt, wenn das von den Betroffenen explizit gewünscht und erlaubt wird.

Wenn Betroffene zuerst direkt zu Ihnen kommen, raten Sie ihnen dann zu einer Anzeige?

Wir raten zu gar nichts, wir zeigen nur auf, was möglich ist, informieren über die Erfolgsaussichten und unterstützen die Betroffenen, wenn sie es denn wollen, bei einer Anzeige und im Strafverfahren.

Natürlich haben wir politisch und strukturell betrachtet ein Interesse daran, dass möglichst viele Tatpersonen zur Verantwortung gezogen werden. Aber wir vertreten die Interessen der Opfer, und wenn diese sagen, dass sie keine Anzeige erheben möchten, unterstützen wir sie genauso, wie wenn eine Strafanzeige ein zentraler Teil ihres persönlichen Verarbeitungsprozesses ist. Auch wenn die Chancen auf eine Verurteilung leider gering sind.

Wie gestaltet sich aus Ihrer Sicht die Zusammenarbeit zwischen Opferhilfestelle und Polizei?

Wir sind als Opferhilfestelle ein Teil des Justizsystems und in diesem Sinne Partnerin der Strafverfolgung. Klar ist, dass die Polizei und wir unterschiedliche Perspektiven vertreten: Bei der Polizei steht die Ermittlung einer strafbaren Handlung und der Täterschaft im Vordergrund, deswegen ist es in ihrem Interesse, möglichst schnell zu handeln, Spuren zu sichern und die an der Straftat Beteiligten zu eruieren. Gerade bei Sexualdelikten ist es nämlich schwierig, eine Tat zu beweisen, die länger zurückliegt.

Wir haben die Opfer im Fokus, die vielleicht noch nicht in der Lage sind, die Belastungen eines Strafverfahrens auf sich zu nehmen, nicht aussagen können oder wollen und möglicherweise auch ihre Meinung betreffend eine Anzeige ändern.

Hilfreich für eine gute Zusammenarbeit ist ein regelmässiger Austausch zwischen uns Opferhilfestellen und der Polizei und ein gegenseitiger Transfer von Fachwissen. Ich würde sagen, dass diese Zusammenarbeit recht gut funktioniert, gerade in denjenigen Kantonen mit spezialisierten Einheiten bei der Polizei. Die Kooperation mit der Fachstelle häusliche Gewalt der Kantonspolizei Zürich etwa verläuft sehr zufriedenstellend, wir spüren auch, dass die Beamt:innen dort sehr opfersensibel und kompetent agieren. Im Kanton Zürich arbeiten wir als Fachstelle auch in verschiedenen interdisziplinären Gremien mit der Polizei zusammen, definieren und diskutieren diese Zusammenarbeit und überlegen auch gemeinsam, wie wir sie verbessern können. Das halte ich für den richtigen Weg.

In kleinen Gemeinden oder in kleineren Korps ohne speziell im Umgang mit Opfern sexualisierter Gewalt geschulte Expert:innen passiert es hingegen leider ab und zu, dass die Beamt:innen aus Überforderung oder Unwissen unsensibel oder unangemessen reagieren, zum Beispiel indem sie den Betroffenen von Anfang an Vorbehalte entgegenbringen oder stereotype Vorstellungen über das Verhalten eines Opfers haben.

Lassen Sie uns einen Schritt zurückgehen: Wann und warum wurde das Opferhilfegesetz ursprünglich eingeführt?

Vor Inkrafttreten des Opferhilfegesetzes hatten die Opfer hierzulande kaum Rechte und wurden als Partei im Strafverfahren oft nicht hinreichend ernst genommen. Ihre Stellung im Strafverfahren war unklar und wenig geregelt. Irgendwann wurde aufgrund gesellschaftlicher Veränderungen und des Drucks vonseiten feministischer Organisationen deutlich, dass sich etwas ändern muss. Deshalb wurde 1993 das Opferhilfegesetz eingeführt, und jene Stellen, die bis dahin auf eigene Faust Lücken abgedeckt hatten wie das «Nottelefon für vergewaltigte Frauen», die heutige «Frauenberatung sexuelle Gewalt», erhielten einen kantonalen Leistungsauftrag.

Bevor es das OHG gab, war die Arbeit in diesem Bereich also primär aktivistisch geprägt?

Viele Stellen, die wie wir heute Opferhilfe leisten, entstanden aus feministischen Projekten oder aus Projekten für Kinder, waren also auf privater Ebene und auf zivilgesellschaftliche Initiativen hin gegründet worden und wurden nicht vom Staat top down initiiert. Entsprechend ist dort auch ein grosses strukturelles Bewusstsein vorhanden. Es gibt auch gewisse heute noch gültige Handlungsgrundsätze in der Opferhilfe, die aus diesem Verständnis heraus entstanden sind.

Welche sind das?
Zum Beispiel der Grundsatz, dass ein niederschwelliger, kostenloser und unbürokratischer Zugang zur Opferhilfe garantiert sein muss. Dass wir uns proaktiv bei Betroffenen melden, ist Ausdruck dieser Niederschwelligkeit. Und dass Selbstbestimmung, Würde und Integrität der betroffenen Personen immer im Zentrum unserer Arbeit stehen müssen. Die Betroffenen bestimmen selbst, was die Ziele der Beratung sind und was wann geschehen soll. Das ist gerade im Zusammenhang mit der Traumatisierung ein zentraler Aspekt. Eine Person, die sexualisierte Gewalt erfahren hat, erlebte auch einen totalen Kontrollverlust, und das ist eigentlich das, was so traumatisierend ist. Entsprechend braucht es in der Beratung ein gutes Vertrauensverhältnis zwischen Beraterin und Klientin und die Sicherheit, keinen erneuten Kontrollverlust oder Vertrauensbruch zu erleiden. Genau das bietet die Opferhilfe, wir stellen uns parteilich auf die Seite der Personen, die zu uns kommen.

Wie so oft in der Schweiz gibt es auch bei der Opferhilfe kantonale Unterschiede. Können Sie beurteilen, wie gross oder schwerwiegend diese sind?
Wir im Kanton Zürich haben acht verschiedene Opferberatungsstellen, die auf bestimmte Zielgruppen oder ausgewählte Straftaten spezialisiert sind. Für Betroffene bedeutet das, dass sie mit ihrem Anliegen an Fachpersonen geraten, die vertiefte Kenntnisse einer bestimmten Gewaltform mitbringen.

In den kleineren Kantonen gibt es dagegen oftmals eine einzelne Opferhilfestelle, die dazu noch einem Amt angehängt ist. Das bedeutet, die dort angestellten Personen müssen alle Fälle bearbeiten, die unter das OHG fallen: Sie sind für die Anliegen von Strassenverkehrsopfern, von Opfern von Sexualdelikten bis hin zu denjenigen von ehemaligen Verdingkindern zuständig und müssen eine grosse Palette abdecken. Diese Situation wird durch die allgemeine Ressourcenknappheit in der Opferhilfe verschärft.

In kleineren Kantonen ist zudem das Vernetzungsangebot, auf das die Opferhilfestellen zugreifen können, oft lückenhaft. Es gibt zum Beispiel keine Frauenhäuser oder keine auf gewaltbetroffene Kinder und Jugendliche spezialisierte Beratungsstellen. Und gewisse Grauzonen werden wohl auch je nach Kanton anders ausgelegt.

Was wäre denn so eine Grauzone?

Sexuelle Belästigung zum Beispiel. Wenn du nach dem Strafgesetz nur «geringfügig» sexuell belästigt wurdest, so fällt diese Tat eigentlich nicht unter das Opferhilfegesetz. Im Kanton Zürich muss eine gewisse «Intensität der Beeinträchtigung» erreicht werden, damit Betroffene Anspruch auf Opferhilfe haben. Andere Kantone haben hier eine etwas andere Handhabe.

Gibt es andere Fälle, in denen Betroffene nicht Opferhilfe-berechtigt sind?

Eine Lücke besteht in der Hilfe für Frauen, die auf der Flucht Gewalt erlebt haben. Bei einer im Ausland verübten Straftat besteht der Anspruch auf Beratung im Sinne des OHG nur dann, wenn das Opfer sowohl zum Zeitpunkt der Straftat als auch zum Zeitpunkt der Inanspruchnahme der Hilfe Wohnsitz in der Schweiz hatte oder hat. Aber wenn eine Frau etwa auf der Flucht schwerste Gewalt erfährt und dann in der Schweiz an den Folgen leidet, kann sie weder in eine Beratung durch eine Opferhilfestelle kommen noch finanzielle Hilfe beantragen, etwa für die Finanzierung einer Traumatherapie.

Welche anderen Lücken sehen Sie noch im Opferhilfegesetz?

So wichtig und richtig das OHG auch ist, es gibt einiges an Verbesserungspotenzial.

Zum einen ist die Opferhilfe noch zu wenig bekannt und zu wenig inklusiv. Gerade für Menschen mit Behinderung müsste die Zugänglichkeit verbessert werden, auf physischer Ebene, aber auch mit inhaltlich entsprechend ausgerichteten Beratungsangeboten. Auch trans und queere Menschen müssen wir besser erreichen können, hier braucht es auch neue Beratungskonzepte.

Zum anderen, und diesen Wunsch hören wir auch immer wieder von den Betroffenen selbst, sollten Angebote für Opfer rund um die Uhr erreichbar sein. Wir als Opferberatungsstelle sind in das System der Krisenintervention und der sozialen Sicherheit eingebunden und dort nachgelagert, wir sind nicht rund um die Uhr erreichbar. Die Umsetzung dieser Erreichbarkeit wird jetzt im Rahmen des Aktionsplans des Bunds zur Umsetzung der Istanbul-Konvention erarbeitet. Es ist klar, dass die Opferhilfe damit mehr Ressourcen brauchen wird, um 24/7 erreichbar zu sein, wie es auch die Polizei oder Staatsanwaltschaft fordern.

Was man ebenfalls verbessern muss, ist der Umgang mit psychischer Gewalt, denn diese lässt sich oft nicht so einfach festmachen wie physische Gewaltausübung. Wir haben im Moment zudem landesweit einen akuten Mangel an psychologischen und psychiatrischen Angeboten. Wir müssen die Betroffenen irgendwohin weitervermitteln können, gerade wenn sie noch nicht so stabil sind. Und die Beraterinnen müssen viel Druck aushalten, also braucht es auch gute Arbeitsbedingungen. Ich finde, dass wir die, etwa im Vergleich zu Pflegeberufen, grundsätzlich bereits haben, aber es gibt sicher Verbesserungsbedarf.

Das Opferhilfegesetz: eine feministische Revolution?

«Opfer im Sinne des Opferhilfegesetzes (OHG) ist jede Person, die durch eine Straftat in ihrer körperlichen, sexuellen oder psychischen Integrität unmittelbar beeinträchtigt wurde.» So paraphrasiert Sandra Müller Gmünder, Rechtsanwältin und Leiterin der Kantonalen Opferhilfestelle Zürich, den ersten Absatz des ersten Artikels im Bundesgesetz vom 23. März 2007 in einer Präsentation mit dem Titel «Opferhilfe – Möglichkeiten und Grenzen der Hilfe gemäss Opferhilfegesetz» im Rahmen der Nationalen Konferenz für Opferbelangen (NKO) am 25. März 2022. Im Bundesgesetz selbst steht weiterführend im zweiten Absatz: «Anspruch auf Opferhilfe haben auch der Ehegatte oder die Ehegattin des Opfers, seine Kinder und Eltern sowie andere Personen, die ihm in ähnlicher Weise nahestehen (Angehörige).»

Im dritten Absatz von Artikel 1 des OHG stehen schliesslich diejenigen Worte geschrieben, die das Opferhilfegesetz zu einer justiziablen Anomalie machen: «Der Anspruch besteht unabhängig davon, ob der Täter oder die Täterin a) ermittelt worden ist; b) sich schuldhaft verhalten hat; c) vorsätzlich oder fahrlässig gehandelt hat.»

In verständlicher Sprache ausgedrückt bedeutet das: Ob das OHG zum Einsatz kommt und eine geschädigte Person somit Anspruch auf Beratung, Soforthilfe, Genugtuungszahlungen und die strafprozessualen Opferrechte hat, ist zwar zu einem gewissen Grad abhängig davon, ob sich der oder die Täter:in strafrechtlich relevant verhalten hat, jedoch nicht davon, ob eine Anzeige gemacht worden ist oder gar eine Verurteilung stattgefunden hat.

Dass im konservativen Schweizer Bundesrecht eine derartige Norm Einzug halten konnte, ist eine kleine Revolution. Nicht nur, aber vor allem, eine feministische.

Vor der Einführung des ersten Opferhilfegesetzes im Jahr 1993 hatten Opfer von Gewaltstraftaten in der Schweiz keine besonderen Schutzrechte oder Rechtsansprüche. Und war eine Tat strafrechtlich nicht relevant oder konnte nicht als solche ermittelt und belegt werden, waren die Betroffenen aus staatlicher Sicht auf sich allein gestellt. In die Bresche sprangen dann diverse soziale, gesellschaftliche, autonom organisierte und kollektiv verwaltete Initiativen wie Sorgentelefone, ehrenamtliche Beratungsstellen oder auf Freiwilligenarbeit basierende Schutzunterkünfte. Da sich diese Initiativen aus dem freiwilligen und oft unentgeltlichen Engagement von Aktivist:innen speisten, war das Angebot maximal fragmentiert und lückenhaft. Während in grösseren Kantonen wie Zürich, Genf oder Bern unterschiedliche Initiativen ein mehr oder weniger engmaschiges Netz formten, gab es in kleineren Kantonen oft gar keine entsprechenden Angebote. Ein weiteres Problem ergab sich aus der rechtlich unsicheren Situation dieser Stellen: Viele verstanden sich als Alternativen zum Staatsapparat und zur Justiz, als solche standen sie teilweise in direktem Konflikt mit der Polizei. Der Austausch von Informationen sowie ein Wissens- und Erfahrungstransfer zwischen staatlichen und nichtstaatlichen, anerkannten Institutionen fanden nur sporadisch statt und nicht auf gleicher Augenhöhe. Die Polizei ihrerseits unterstand bis 1993 keiner Regelung, die sie dazu verpflichtet hätte, die Opfer auf die vorhandenen Angebote hinzuweisen oder mit diesen in Verbindung zu setzen.

Am Anfang des Opferhilfegesetzes stand die Konsument:innenzeitschrift «Beobachter». Am 30. September 1978 erschien im «Beobachter» ein Artikel unter dem Titel «Wiedergutmachung – Für die Opfer von Verbrechen». Darin zeichnet Redaktor Peter Rippmann die fehlende Berücksichtigung der Rechte von Opfern von Gewaltdelikten in der Schweiz nach und verweist auch darauf, dass eine gesetzliche Lösung hermüsse. In den folgenden Wochen publizierte der «Beobachter» immer mehr Berichte über Menschen, die in ihrem Status als Opfer eines Gewaltdeliktes alleingelassen wurden. Knapp sechs Monate nach dem ersten Artikel lancierte die Zeitschrift schliesslich die Volksinitiative «Zur Entschädigung der Opfer von Gewaltverbrechen».

Die zentrale Forderung dieser Initiative: «Der Bund erlässt ein Gesetz, das die Voraussetzungen regelt, unter denen der Staat die Opfer von vorsätzlichen Straftaten gegen Leib und Leben angemessen entschädigt.» Für eine Verfassungsänderung nötig waren Anfang der 80er-Jahre 100 000 Unterschriften, doch keine einzige Partei stellte sich hinter den Vorstoss – auch nicht die Linke. Laute Unterstützung erhielt die Initiative hingegen von einigen der Stellen, die sich bereits damals und ohne gesetzliche und finanzielle Grundlage um Opferbelange kümmerten. Andere waren eher skeptisch und befürchteten eine staatliche Übernahme ihrer Arbeit. Am 27. September 1980 kommt die Initiative mit über 164 000 gültigen Unterschriften dennoch zustande. Am 22. Juli 1984, knapp vier Jahre später, liegt der Bundesbeschluss für einen neuen Verfassungsartikel vor. Der Gesetzestext geht in einem zentralen Punkt sogar über die Initiative hinaus: Nicht nur die Opfer «vorsätzlicher», sondern auch «fahrlässig» begangener Straftaten gegen Leib und Leben sollen künftig staatliche Hilfe in Anspruch nehmen können, was einer noch schärferen Trennung von Straftat und Opferrechten gleichkommt – ein grosser Schritt. Der «Beobachter» zieht seine Initiative zugunsten dieses Gegenvorschlags zurück.

Am 2. Dezember 1984 wird schliesslich die Opferhilfe mit einem 81-prozentigen Ja-Stimmenanteil angenommen. Acht lange Jahre später, im Januar 1993, tritt das erste Bundesgesetz über die Hilfe an Opfer von Straftaten in Kraft, dessen Revision 2009 verabschiedet wurde.

Das übergeordnete Ziel des Opferhilfegesetzes war 1993 und ist noch heute die «staatliche Berücksichtigung der Opferbelange». Mit der Einführung des Opferhilfegesetzes wurden viele der vorausgehend genannten Stellen, die bereits über das nötige Wissen, einen gewissen Bekanntheitsgrad und ein weites Kontaktnetz verfügten, einem jeweils kantonal geltenden Leistungsvertrag unterstellt und somit zu direkten Akteuren der Exekutive. Wo es keine entsprechenden Stellen gab, wurden sie geschaffen oder in bestehende Ämter und Strukturen integriert.

Heute ist die Polizei Partnerin der Opferhilfestellen. Um zu erfahren, wie sich diese Zusammenarbeit gestaltet, sprachen wir mit fünf Opferhilfestellen aus verschiedenen Kantonen. Gemeinsam ist ihnen allen, dass sie ihren Fokus auf Opfer von sexualisierter und/oder häuslicher Gewalt gelegt haben. Dass die vormals aktivistischen Initiativen nun anerkannte Fachstellen sind, hat auch seine Nachteile: So gut wie alle interviewten Fachpersonen bitten uns darum, ihre Aussagen zu anonymisieren, um nicht in Konflikt mit dem Kanton, dem Bund oder der Polizei, mit welcher sie in Zusammenarbeit stehen, zu geraten.

Die Erfahrungen sind durchmischt. So heisst es etwa vonseiten einer Opferhilfestelle eines kleinen Zentralschweizer Kantons: «Wir haben einen guten und regelmässigen Austausch. Wir kennen die Polizist:innen und vertrauen ihnen. Wir haben meistens gute Rückmeldungen. Wenn eine Opfermeldung von der Polizei zu uns kommt, geben sie uns einen Hinweis, wenn es der befragten Person nicht gutgeht. Auch schon wurde die Befragung unterbrochen und erst nach unserer Beratung fortgesetzt. Viele Opfer wissen, dass wir uns austauschen und geben den Polizist:innen die Erlaubnis für diesen Austausch. Das gibt den Betroffenen auch Vertrauen und Sicherheit, sich bei der Opferberatung zu melden.» Eine andere Opferberaterin findet es wünschenswert, dass alle Polizist:innen bereits beim Erstkontakt mit dem Opfer auf die Beratungsstelle hinweisen würden und nicht erst nach der Befragung. «Dadurch könnten Opfer zeitnaher über den Ablauf eines Verfahrens informiert werden und sich sicherer fühlen.» Reibungen und Kritik gebe es vor allem dann, wenn das Verhalten der Beamt:innen dem Verarbeitungsprozess der Betroffenen eher schade, als diese unterstütze. Mehrere der angefragten Stellen gaben an, dass die polizeilichen Einvernahmen, aber auch die Befragung durch die Staatsanwaltschaft des Öfteren Thema in den Beratungen seien: «Die Erfahrungen sind unterschiedlich, wir bekommen auch positive Rückmeldungen. Polizist:innen erklärten sehr gut, weshalb sie was fragen, sie seien einfühlsam.» Weniger positiv klingt das Feedback einer Beratungsstelle zu sexualisierter Gewalt aus einem grossen Kanton in der Deutschschweiz: «Die Betroffenen berichten uns von Beamt:innen, welche keine Gefühlsregungen, zeigen oder von solchen, die wertend auftreten. In einem Fall berichtete eine Betroffene, wie ihr eine Beamtin während einer Einvernahme folgende Frage stellte: ‹Sie sehen sehr schüchtern aus. Hat der Mann verstanden, dass Sie keinen Sex wollten?›»

Gerade in grösseren Kantonen, in denen die Kantonspolizei über ausgebaute Fachdienste verfügt, berichten die Opferberatungsstellen von einem regen, teilweise institutionalisierten Austausch bis hin zur Möglichkeit, mit Polizeiaspirant:innen und bereits diensttätigen Polizist:innen betreffend die Aus- und Weiterbildung zusammenzuarbeiten. Ein Austausch auf nationaler Ebene oder eine Vereinheitlichung der Zusammenarbeit fehlt jedoch.

Neben den bereits genannten Angeboten von finanzieller Hilfe und Beratung, werden die Anliegen von Opfern in der Schweiz ebenfalls in der Strafprozessordnung berücksichtigt, dies mit dem Zweck, Betroffene während eines Strafverfahrens besser zu unterstützen, als dies vor der Einführung des OHG der Fall war. «Für uns ist es wichtig, dass Betroffene wissen, dass sie eine Beratung bei uns in Anspruch nehmen können, dass wir sie auf die polizeiliche Einvernahme vorbereiten, dass sie ein Recht haben auf Begleitung und wir diese bei

Bedarf auch anbieten», betont eine grössere Schweizer Opferhilfestelle in Hinblick auf die Wichtigkeit der prozessualen Opferhilfe.

Die prozessualen Opferrechte werden in Informations- und Schutzrechte unterschieden. Zu ersteren gehört etwa das Recht, über den Antritt der Strafmassnahme des Täters informiert zu werden, genauso wie über dessen Beurlaubung oder Entlassung. Zu den Schutzrechten zählen etwa das Recht auf Vermeidung der Gegenüberstellung mit der beschuldigten Person, das Recht, von einer Person desselben Geschlechts befragt zu werden, und das Recht, im Falle eines Sexualdelikts Antworten auf Fragen zur Intimsphäre zu verweigern. Sind die Opfer zum Zeitpunkt der Einvernahme minderjährig, gelten weitere Schutzrechte. So dürfen bei Kindern während der gesamten Dauer des Strafverfahrens maximal zwei Einvernahmen durchgeführt werden. Daher ist es üblich, dass die Einvernahmen von Kindern bei der Polizei auf Video aufgenommen werden. Opferhilfestellen, aber auch polizeiliche Fachpersonen wie Mary Wetzstein merken immer wieder an, dass dieses Vorgehen auch bei volljährigen Opfern von Sexualdelikten möglich und hinsichtlich der Gefahr einer Retraumatisierung und der psychischen Belastung durchaus angebracht wäre.

Auch wenn das Opferhilfegesetz eine massive Besserung gegenüber dem Zustand vor knapp dreissig Jahren darstellt, ist es kein Allheilmittel. So wird etwa «eine gewisse Intensität der Beeinträchtigung» vorausgesetzt, bis jemand auf die Hilfsangebote Anspruch erheben kann. Da diese Formulierung im Bundesgesetz reichlich schwammig ist und die Kantone selbst für die Umsetzung des OHG zuständig sind, orientiert sich die Arbeit der Opferhilfestellen neben dem OHG und der schweizerischen Strafprozessordnung auch an den kantonalen Einführungsgesetzen. Einheitlichkeit ist so nicht gegeben.[17]

Keine Anwendung findet das OHG gemäss Gesetzestext ausserdem bei Delikten der Ehrverletzung wie Beschimpfung und bei psychischer Gewalt, solange diese «isoliert» auftritt und keine Straftat darstellt. Beschimpfung, Erniedrigung oder Abwertung sind, unabhängig von ihrer Schwere und ihrem Einfluss auf das Leben der oder des Betroffenen, nicht im Geltungsbereich des OHG. Auch Opfer von im Ausland verübten Delikten haben in der Schweiz, unabhängig von ihrer Staatsbürgerschaft, keinen Anspruch auf Opferhilfe. Zwar wird im Rahmen der Umsetzung der Istanbul-Konvention von Opferhilfestellen im In- und Ausland immer wieder eine stärker koordinierte, gesamteuropäische Lösung angestrebt, bisher jedoch ohne Erfolg.[18]

Nebst der auf Leistungsverträgen basierten und somit kantonal unterschiedlichen Finanzierung der Opferhilfestellen und der Höhe der von ihnen gesprochenen Sofortmassnahmen liegt ein weiteres, sehr zentrales Problem, mit dem sich die Opferhilfestellen der Schweiz konfrontiert sehen nicht auf der gesetzlichen, sondern auf der gesellschaftlichen Ebene: Eine Umfrage des Meinungsforschungsinstituts Demoscope im Auftrag des Bundesamtes für Justiz ergab 2014, dass nicht einmal jede zweite Person in der Schweiz weiss, dass es das Opferhilfegesetz überhaupt gibt. Rund zehn Jahre später mag dieser Prozentsatz gestiegen sein, doch auch die befragten Opferhilfestellen nennen die fehlende Bekanntheit ihrer Angebote als eine der grössten Schwachstellen.

Eine Liste mit allen Opferhilfestellen der Schweiz findet sich im Anhang dieses Buchs.

Das Recht

Mina*: «Es spielt eine so grosse Rolle, wer dir gegenübersitzt»

Ein solches Erlebnis kommt immer wieder auf, wenn du von deiner Vergangenheit erzählst. Wenn du darüber sprichst, wer du bist. Das ist bei mir jetzt auch wieder der Fall. Ich habe einen neuen Mann kennengelernt und bin sehr verliebt – aber wenn du so etwas durchgemacht hast, ziehst du es immer mit. Und zwar auch dann, wenn du eigentlich drüberstehst, so wie ich heute. Was mir angetan wurde, ist jetzt etwa neun Jahre her. Ich konnte mich sehr gut heilen, ich denke, da bin ich eine der wenigen Ausnahmen. Andere haben so starke Probleme in allen Lebensbereichen, das ist bei mir nicht so. Zum Glück, dafür bin ich dankbar.

Unser Kontakt begann Anfang 2014 auf Facebook. Wir arbeiteten beide in derselben Branche und er hat mich angeschrieben, so kam die Verbindung zustande. Wirklich gekannt haben wir uns aber nicht, schon gar nicht persönlich. Ich wusste von Bekannten, dass Florian* in einer offenen Beziehung lebte und offenbar gern mit jungen Frauen flirtete. Unsere Nachrichten drehten sich zwar vor allem um Berufliches, er hat aber immer wieder anzügliche Bemerkungen gemacht. Unsere Kommunikation war locker und witzig, das schon. Und ich habe sicher ab und an zurückgeflirtet. Er schrieb mir immer wieder ziemlich explizit, was er gern mit mir machen würde. Da bin ich jeweils ausgewichen. Ich wollte unsere Unterhaltung vor allem auf einer beruflichen Ebene halten. Rückblickend finde ich, ich hätte seine Avancen vielleicht noch krasser abblocken sollen. Damals war ich aber viel unsicherer als heute, hatte viel weniger Selbstbewusstsein. Ich wollte auf keinen Fall uncool oder prüde wirken. Es war nicht das erste Mal, dass mir das passierte. Tatsächlich war ich es gewohnt, dass Männer anzüglich wurden, auch wenn der Kontakt mit ihnen beruflicher Natur war.

Er erzählte mir, er könne mir mit seinen Kontakten in der Branche weiterhelfen. Zu diesem Zeitpunkt stand ich noch ganz am Anfang meiner Karriere als Selbständige und fand das spannend. Ihn zu treffen, schien mir grundsätzlich eine gute Idee zu sein. Ironischerweise ist das Ganze an einem Valentinstag passiert. Seither feiere ich diesen Tag nicht mehr.

Wir haben uns an diesem Abend in einem Bistro getroffen und ich war nervös. Ich sah ihn durchaus als die Koryphäe der Branche, als die er sich gern darstellte. Ich wollte ihm gefallen, ihn beeindrucken. Aber nur als Businessfrau, ich wollte unbedingt professionell wirken. Romantisches oder sexuelles Interesse an ihm hatte ich nie. Ich zog mich also elegant an und ging zum vereinbarten Treffpunkt, er wartete bereits auf mich. Wenige Minuten nach der Begrüssung sagte er, dass er schon drei Gin Tonic getrunken habe. Ich bin mir nicht mehr sicher, warum er das gesagt hat, aber ein bisschen seltsam fand ich das schon. Rückblickend muss ich sagen: Wahrscheinlich war er schon ziemlich betrunken. Ich selbst trinke nicht, daher kann ich das schlecht einschätzen – aber drei Gin Tonic? Das Gespräch danach war aber in Ordnung, wir haben uns beruflich ausgetauscht, und ich fand es interessant. Nach vielleicht zwei Stunden schlug er vor, bei ihm zu Hause noch etwas zu trinken. Es war schon spät, kurz nach zehn Uhr abends, das Bistro schloss bald. Er hat mich dann geradeheraus gefragt, ob wir zu ihm wollten, um Sex zu haben. Das hat mich sehr verunsichert, ich habe gelacht und gesagt: «Jetzt gerade nicht, aber frag mich in einer Viertelstunde noch mal.» Die Situation hat mich schlichtweg überfordert. Ich erinnere mich, wie ich dachte: Jetzt sei nicht verklemmt, nicht langweilig, dieser Kontakt könnte dich weiterbringen. Also ging ich mit.

In seiner Wohnung sassen wir auf dem Sofa und unterhielten uns. Wir flirteten nicht und berührten uns auch nicht, die Stimmung war nicht sexuell aufgeladen. Er hat mich dann sehr abrupt geküsst. Ich war überrumpelt, habe mich aber nicht gewehrt. Ich habe es über mich ergehen lassen. Während des

Küssens habe ich mich gefragt, ob ich das überhaupt will; aber es ging alles so schnell. Irgendwann sind wir in sein Schlafzimmer gegangen. Diese Sequenz sehe ich in meiner Erinnerung wie einen Film vor mir. Auch da habe ich einfach mitgemacht und kann heute gar nicht mehr genau sagen, weshalb. Es ging einfach zu schnell. Auf seinem Bett kam es zum Oralverkehr. Anfangs war das für mich in Ordnung, aber dann wurde er immer gröber, auch das ging alles sehr schnell. Und erst da kam ich wirklich wieder zu mir und merkte, dass ich das überhaupt nicht okay finde, was hier gerade passiert. Eigentlich ist der Ausdruck «Oralverkehr» falsch: Er sass mit seinem ganzen Gesäss über meinem Gesicht, drückte seinen Penis in meinen Mund und presste meinen Kopf mit seinen Oberschenkeln zusammen. Ich wollte das nicht. Das war eine so gefährliche Situation. Wir hatten uns vorher nicht gekannt, nicht darüber gesprochen, was uns gefällt. Wir hatten kein Codewort ausgemacht, das man sagen kann, wenn es einem zu viel ist. Und eben: Ich wollte das nicht.

Er schob mir seinen Penis so tief in den Rachen, dass ich keine Luft mehr bekam. Ich hatte solche Angst und dachte wirklich: Jetzt muss ich sterben. Für mich war dieses Gefühl am schlimmsten in dieser Nacht, diese Todesangst. Ich dachte: Der erwürgt mich jetzt. Irgendwann merkte ich, dass ich kein Gefühl mehr hatte in meinen Händen. Aber etwas in mir wusste: Wenn du dich jetzt nicht wehrst, dann erstickst du. Dann stirbst du hier. Weil ich kaum noch Luft bekam, konnte ich mich fast nicht mehr bewegen. Aber ich wusste, ich muss etwas tun. Also fing ich an, ihn zu beissen und zu kratzen. Ich versuchte, ihn von mir wegzustossen. Aber er war zu schwer. Ich erinnere mich auch daran, dass ich nicht so stark biss und kratzte, wie ich es hätte tun können. Weil mir in diesem Moment eine Geschichte in den Sinn kam von einer Frau, die einem Mann den Penis abgebissen hat – und diese Möglichkeit hat mich wahnsinnig geekelt. All diese Gedanken schossen mir innerhalb von Sekunden durch den Kopf. Aber ich habe mich auf jeden Fall gewehrt. Und ich habe heftig geweint. Es ist also unmöglich, dass er nicht gemerkt hat, dass mir das, was gerade passiert, nicht gefällt.

Dann zog er seinen Penis heraus und drehte mich auf den Bauch. Gefragt, warum ich weine, hat er nicht. Ich war völlig fertig und hoffte nur, dass alles so schnell wie möglich vorbeigehe. Eigentlich wollte ich nur nach Hause. Ich schluchzte und sagte immer wieder: «Nein, nein, nein, bitte hör auf.» Ich hatte keine Kraft mehr, um mich physisch zu wehren. Dann penetrierte er mich anal. Früher am Abend, bevor das alles passierte, hatte er mich einmal gefragt, ob ich Analsex möge. Und ich sagte Nein. Er entgegnete dann, dass er das schon öfter von Frauen gehört habe – dass sie aber irgendwann alle einwilligen und es geniessen würden. Aber ich wollte das wirklich, wirklich nicht.

Irgendwann liess er von mir ab. Ich sagte zu ihm: «Du hast mich jetzt gerade vergewaltigt.» Daran erinnere ich mich glasklar. Wenn ich an diesen Abend zurückdenke, sehe ich mich selbst, wie ich weinend auf seiner Bettkante sitze und diesen Satz zu ihm sage. Er erwiderte, normalerweise sei er mit Frauen viel härter als mit mir heute. Und es sei das erste Mal, dass ihm so etwas passiere. Ich weiss nicht genau, was er damit meinte. Vielleicht, dass zum ersten Mal eine Frau zu weinen beginnt und sich wehrt. Er entschuldigte sich dann sogar bei mir und sagte: «Nein, komm, ich mache es wieder gut. Machen wir doch noch mal Sex!» Er hat mir also vaginalen Sex «angeboten», nachdem er mich anal vergewaltigt hat. Später, während seiner Einvernahme, gab er übrigens an, er habe die Bisse und das Kratzen gar nicht gespürt. Ich kann mir das beim besten Willen nicht vorstellen.

Noch immer weinend rannte ich aus seiner Wohnung auf die Strasse und rief einen Freund an. Es war mitten in der Nacht, er war schon zu angetrunken, um mich zu unterstützen, und sagte zu mir, ich solle allein zur Polizei. Aber ich wollte nicht. Ich wollte nur schlafen, wollte, dass alles vorbei ist. Ich setzte mich unter Tränen in den Zug und fuhr los. Niemand hat sich um mich gekümmert. Obwohl ich völlig aufgelöst war, hat mich niemand gefragt, was los sei. Zu Hause ging ich duschen, legte mich ins Bett und die Sache schien für mich abgeschlossen. Am nächsten Morgen stand ich auf und sagte mir: Jetzt ist es vorbei, ich lasse mir davon nicht mein Leben kaputt machen. Ich begriff, mir ist etwas Schlimmes passiert, aber ich muss das jetzt annehmen. Leider sind mir schon früher im Leben schlimme Dinge widerfahren, deshalb befasste ich mich bereits seit längerem mit Trauma- und Trauerbewältigung. Darum wusste ich: Zuerst muss die Akzeptanz kommen, sonst kann der Heilungsprozess nicht fortschreiten. Also dachte ich: Jetzt musst du weitermachen. Ich habe mich damals dafür entschieden, dieses Erlebnis allein zu verarbeiten. Die entsprechenden Tools kannte ich bereits aus früheren Therapien, und es ist mir auch ganz gut gelungen. Für mich war und ist es nach wie vor wichtig, dass ich mich nicht davon definieren lasse, was er mir angetan hat. Ein paar Wochen nach dem Übergriff traf ich ihn wieder an einem Event. Er kam auf mich zu und tat, als sei nichts geschehen. Begrüsste mich mit drei Küsschen und fragte mich, wie es mir gehe. Ich war abweisend zu ihm und erwiderte nur, es gehe mir gut.

Ein halbes Jahr nach dieser Nacht sass ich mit einem Freund beim Mittagessen, dessen Schwester Psychologin ist. Ich erzählte ihm davon, was in dieser Nacht passiert ist. Er riet mir, ich solle mich an eine Opferberatungsstelle wenden. Das Wort «Opfer» fand ich immer schwierig. Ich sehe mich nicht als Opfer. Und ich wollte keine Rache, keine Genugtuung. Denn ich hatte mit dem Erlebnis eigentlich abgeschlossen. Aber nach diesem Gespräch formte sich in mir der Gedanke: Ich will nicht, dass das noch jemandem passiert. Ich wollte verhindern, dass er weiteren Frauen dasselbe antut. Ich hätte nicht mit dem Schuldgefühl leben können, dass ich das vielleicht hätte verhindern können. Darum ging ich dann doch zur Opferberatung. Die Beraterin sagte zu mir: «Du bist so tough, super, dass es dir so gut geht. Geh unbedingt zur Polizei, du kannst etwas bewirken.» Natürlich wirkte ich tough, ich hatte das Erlebnis ja schon verarbeitet. Aber etwas bewirken, das wollte ich wirklich.

Also ging ich zur Polizei, auf den Posten der Stadtpolizei. Die Frau, die am Schalter sass, hörte mich an und sagte dann zu mir: «Sind Sie sicher, dass Sie Anzeige erstatten wollen? Das bringt sowieso nichts.» So wurde ich im Prinzip auf dem Polizeiposten begrüsst. Ich beharrte aber darauf und sagte, dass ich das sehr wohl machen wollte. Die erste Einvernahme dauerte vier oder fünf Stunden, wie lange genau, weiss ich nicht mehr. Etwas zu Essen habe ich nicht angeboten bekommen, aber man hat mir gesagt, dass ich Pausen machen kann, wenn ich das möchte. Ich weiss noch gut, dass ich mich während der Einvernahme gar nicht ernst genommen fühlte. Es fing mit dem seltsamen Gefühl an, das schon diese Begrüssung bei mir ausgelöst hat. Wie mich die Polizistin anschaute. Sie gab mir einfach das Gefühl, dass sie mir nicht glaubte. Obwohl das ja gar nicht die Aufgabe der Polizei ist, mir zu glauben oder nicht. Sie müssen nur festhalten, was passiert ist.

Irgendwann während der Einvernahme fragte mich die Polizistin, warum ich nicht weine. Warum ich keine Emotionen zeige und so trocken erzähle. Ob mir dieses Erlebnis nicht nahegehe. Ich antwortete, dass ich das Geschehene bereits verarbeitet hätte und die Entscheidung, diese Anzeige jetzt zu machen, damit zu tun habe, dass ich andere Frauen vor ähnlichen Erlebnissen bewahren wolle. Ich konnte ihre Fragen überhaupt nicht nachvollziehen. Es waren so viele, die schwierig zu beantworten waren. Es ist krass, wie detailliert du nochmals beschreiben musst, was dir passiert ist. Ich wurde zum Beispiel gefragt, wie viele Sekunden sein Penis in meinem Rachen war, wie viele Stösse es beim Analverkehr gab. Welche Bewegungen er genau gemacht hat und ob ich dazwischen nicht habe atmen können. Und immer wieder musste ich ausführlich beschreiben, was ich alles getan hatte, um mich zu wehren. Ich musste einschätzen, wie laut ich Nein gesagt hatte. Ob es möglich sei, dass er gar nicht gemerkt habe, dass er mich anal penetrierte – sondern dass er dachte, wir hätten vaginalen Verkehr. Ich musste ausführen, wie er sonst noch habe merken müssen, dass ich das alles nicht wollte. Ich wurde sogar auf die Länge meiner Fingernägel angesprochen, weil ich berichtete, dass ich ihn gekratzt hatte. Nicht nur war es extrem schwierig, alles stringent zu erzählen, weil ich ja immer wieder innehalten musste, damit die Polizistin alles aufschreiben konnte, ich hatte auch immer wieder den Eindruck, dass sie mir nicht glaubte. Jedes Mal, wenn ich mich an ein Detail nicht mehr genau erinnern konnte, sah sie mich abschätzig an und sagte, dass ich das doch wissen müsste, wenn es mir wirklich so zugestossen sei. Etwa einen Monat nach dieser Einvernahme rief mich die Polizistin an und sagte, sie habe noch ein paar Nachfragen, die bei der Einvernahme vergessen gegangen waren. Sie fragte mich unter anderem, ob ich während der Tat Urin- oder Stuhlabgang hatte. Das war so surreal für mich, dass sie mich deswegen nachträglich anrief. Ich weiss nicht, warum sie das gefragt hat, sie hat es auch nicht erklärt. Aber ich nehme an, sie versuchte herauszufinden, ob ich in einem körperlichen Schockzustand war. Für mich war diese Frage aber einfach nur verstörend und sie gehört zu denjenigen Fragen, die mir bis heute in Erinnerung geblieben sind. Ihn haben sie bei der Einvernahme gefragt, was ich beim Treffen getragen hatte. Es ist mir schon klar, dass sie das fragen müssen. Aber seine Antwort, die ich später in seinem Einvernahmeprotokoll lesen konnte, war so daneben: Er führte aus, dass es ein Top mit grossem Ausschnitt gewesen war, dass ich grosse Brüste habe und sehr sexy aussah. Als ob das eine Rolle spielte.

Bei mir war es so, dass die Polizistin, die mir die Fragen stellte, gleichzeitig auch das Protokoll schrieb. Ich konnte also jeweils einen Satz sagen, wenn überhaupt, und musste dann pausieren, damit sie Wort für Wort aufschreiben konnte, was ich gerade gesagt hatte. Ich fand es darum wirklich sehr schwierig, diese Erinnerung wieder hervorzuholen, die Bilder wieder abzurufen. Ich wurde nach so vielen Details gefragt, auf die ich nicht geachtet hatte: Wie sah das Zimmer genau aus? An welchem Ort stand die Lampe, wie hell war das Licht? Für mich war diese Einvernahme auch deshalb sehr anstrengend. Als das Gespräch zu Ende war, habe ich der Polizistin mehrmals gesagt, sie möge mir bitte Bescheid geben, wenn er von meiner Anzeige in Kenntnis gesetzt wird. Sie meinte bloss, sie werde sich meinen Wunsch notieren. Ich fühlte mich überhaupt nicht aufgehoben.

Nach der Einvernahme ging ich nach Hause und war völlig erschöpft. Aber auch stolz, weil ich wusste: Ich habe etwas gemacht, was mir sehr wichtig war. Ich habe meinen Beitrag geleistet und bin im Reinen mit mir.

Ein paar Wochen später, an einem Wochentag um Mitternacht, rief Florian mich an und drohte mir: Er werde meine Karriere zerstören und mehr noch, er komme zu mir nach Hause und werde mich «kaputt machen», wenn ich die Anklage weiterziehe. Der Prozess werde von öffentlichem Interesse sein, weil er so bekannt sei in seiner Branche. «Ich werde alles Schlechte aus deiner Vergangenheit ausgraben und dafür sorgen, dass du auf allen Titelseiten als Schlampe bezeichnet wirst», sagte er zu mir. Er wäre dazu absolut in der Lage gewesen, das wusste ich. Durch seine Kontakte, seinen Einfluss. Ihm als Mensch und dem Medium, bei dem er arbeitete, hätte ich eine Schlammschlacht zugetraut. Nach diesem Telefonat wusste ich: Ich bin komplett machtlos. Obwohl ich doch auf dem Polizeiposten gewesen war, ihn angezeigt hatte und mich eigentlich sicher fühlen sollte. Ich rief daraufhin sofort die Polizei an. Der Beamte meinte: «Melden Sie sich wieder, wenn er vor der Tür steht.» Angst, dass er tatsächlich vor meinem Haus auftaucht, hatte ich zwar nicht. Aber ich wusste: Wenn ich die Anklage weiterziehe, dann gehe ich ein extrem grosses

Risiko ein, ich habe kaum eine Chance gegen ihn. Damals wussten noch nicht einmal meine Eltern davon, dass ich diese Anzeige gemacht habe. Mir graute vor dem Gedanken, meine Geschichte auf der Frontseite von irgendwelchen Boulevardzeitungen zu lesen. Aufgrund dieser Angst habe ich später meinen Eltern davon erzählt. Sie haben leider nicht so reagiert, wie ich es mir gewünscht hätte. Natürlich erwartest du von Eltern Mitgefühl. Aber ich glaube, sie konnten einfach nicht damit umgehen. Meine Mutter gab mir zu verstehen, ich sei selbst schuld, dass mir das passiert ist. Weil ich mit ihm in seine Wohnung gegangen bin.

Ich habe mich also entschieden, die Anzeige zurückzuziehen. Das war ein innerlicher Kampf. Einerseits wollte ich dafür sorgen, dass er das nie wieder jemandem antun würde. Aber ich musste mich auch schützen. Also ging ich wieder auf den Polizeiposten und sagte, dass ich das Verfahren einstellen wolle. Am Schalter war wieder eine Polizistin. Sie sah mich lange an, hörte mir ruhig zu und fragte dann: «Werden Sie bedroht? Ist das der Grund, weshalb Sie das Verfahren einstellen wollen?» Ich brachte es nicht über mich, ihr die Wahrheit zu sagen. Aber ich glaube bis heute, sie hat in meinen Augen gelesen, dass sie mit ihrem Verdacht recht hatte.

Diese Zeit war schlimm für mich. Ich war so stolz, dass ich mich zu dieser Anzeige durchgerungen hatte. Und genau in dem Moment, in dem ich mich hätte geschützt fühlen sollen, wurde ich wieder angegriffen.

Von ihm habe ich nach der Nacht, in der er mich bedroht hatte, lange Zeit nichts mehr gehört. Aber ein paar Monate später hatten wir doch wieder Kontakt und ich sprach ihn auf das an, was er mir angetan hat. Ich sagte: «Du hast mein Nein doch gehört.» Er antwortete, dass er mein Nein durchaus gehört habe. Aber er habe es als lustvoll aufgefasst. Das sei ein wahnsinniges Missverständnis gewesen. Und er habe es schon öfter erlebt, dass Frauen etwas zuerst abgelehnt und danach aber doch genossen hätten. Ein halbes Jahr später habe ich erfahren, dass er eine andere Frau vergewaltigt hat. Ihr bot er Geld an, damit sie ihn nicht anzeigte. Und sie nahm es an. Und ich muss sagen, ich kann sie verstehen. Was ich erlebt habe, hat bei mir auch dazu geführt, dass ich heute sage: Sollte ich noch einmal vergewaltigt werden, ich würde nicht mehr zur Polizei gehen damit, sondern meinen eigenen Weg finden.

Vor kurzem sass ich wieder auf dem Polizeiposten, ich wollte eine Anzeige machen wegen Stalking – nicht von Florian, sondern von einem anderen Mann. Dann hat sich ein Polizist um mich gekümmert, bei ihm habe ich mich sehr viel besser aufgehoben gefühlt. Ich denke nicht, dass das etwas mit dem Geschlecht zu tun hat, sondern viel eher zeigt: Es spielt eine so grosse Rolle, wer dir gegenübersitzt. Der Polizist hat mich sehr gut unterstützt und zu mir gesagt: «Wir sind für Sie da, Ihr Schutz ist das Wichtigste für uns. Sie können sich wehren, machen Sie unbedingt diese Anzeige.» Bei meiner Einvernahme nach dem Erlebnis, das ich als Vergewaltigung anzeigen wollte, war das Gegenteil der Fall. Das ist doch bizarr.

Tamara Funiciello: «Es gibt mehr Frauen in meinem Umfeld, die vergewaltigt wurden, als solche, die es in Führungspositionen schaffen»

Tamara Funiciello hat Blasen an den Füssen, als wir uns zum Gespräch treffen. Es ist ein Tag im Hochsommer 2022, draussen «brätscht» die Sonne, wie die Nationalrätin und Co-Präsidentin der SP Frauen Schweiz sagen würde. Sie betritt das Lokal, entschuldigt sich dreimal für die Verspätung von ein paar Minuten und erklärt, sie habe in der Apotheke noch Blasenpflaster kaufen müssen. Die Schuhe seien zwar hübsch, aber praktisch ungetragen, und sie drücken in der Sommerhitze.

Im August 2022 befindet sich die politische Diskussion um die Revision des Sexualstrafrechts, insbesondere des Artikels 190 des Strafgesetzbuchs zur Vergewaltigung, auf einem Höhepunkt. Funiciello gehört zum «Nur Ja heisst Ja»-Lager. Die sogenannte Zustimmungslösung gilt in Europa derzeit in vierzehn Ländern, darunter etwa Schweden, Kroatien und seit 2022 auch Spanien. Der Schweizer Bundesrat lehnt wenige Monate vor unserem Treffen die «Nur Ja heisst Ja»-Regel ab, danach spricht sich der Ständerat für die Kompromisslösung «Nein heisst Nein» aus. Anfang Dezember 2022 folgt der Entscheid des Nationalrats: Die grosse Kammer verwirft die Widerspruchslösung und spricht sich mit 99 gegen 88 Stimmen für «Nur Ja heisst Ja» aus. Ende Januar 2023 geht das Geschäft zurück an den Ständerat: Der hält am «Nein heisst Nein» fest, berücksichtigt aber immerhin das Freezing.

Nach herrschendem, noch nicht revidiertem Recht muss ein Opfer von sexualisierter Gewalt beweisen, dass es sich ausreichend gegen den Übergriff gewehrt hat. Und es muss vonseiten des Täters Anwendung von Gewalt, Drohung, psychischem Druck oder Nötigung vorliegen, damit der Straftatbestand der Vergewaltigung erfüllt ist. Der Bundesrat sieht in der von ihm vorgeschlagenen «Nein heisst Nein»-Lösung eine ausreichende Ausdehnung des Tatbestands der Vergewaltigung. Eine Tatperson soll künftig auch dann wegen Vergewaltigung bestraft werden können, wenn er oder sie das Opfer nicht genötigt, also weder Gewalt oder psychischen Druck ausgeübt oder das Opfer bedroht hat. Bei einer «Nein heisst Nein»-Regelung genügt es, dass die Tatperson die Ablehnung des Opfers missachtet hat, egal, ob diese verbal oder nonverbal geäussert wurde. Im Klartext heisst das: Das Opfer muss in irgendeiner Form Nein gesagt oder nonverbal signalisiert haben, damit ein Straftatbestand vorliegt. Unter diesem Grundsatz sollen neu Personen unabhängig von ihrem Geschlecht vom Tatbestand der Vergewaltigung erfasst werden, und er soll auch für sexuelle Übergriffe und sexuelle Nötigung gelten.

Weiter geht der Vorschlag, für den sich Funiciello starkmacht: «Nur Ja heisst Ja» lautet der Slogan, unter dem die Revision des Sexualstrafrechts seit 2018 diskutiert wird. Das bedeutet: Penetrative sexuelle Handlungen ohne verbale, nonverbale oder konkludente Zustimmung sollen als Vergewaltigung anerkannt werden können. Bei einer «Nur Ja heisst Ja»-Regelung muss das Opfer nach einer Anzeige also glaubhaft machen, nicht in die Handlungen eingewilligt zu haben, oder mit anderen Worten: dass die Tatperson vorsätzlich ohne Zustimmung handelte.

Funiciello sieht man die jahrelange Arbeit rund um die Gesetzesrevision nicht an. Genauso wenig wie die Nacht vor unserem Gespräch, an die einzig der verblasste Stempel auf ihrem Handgelenk erinnert.

Tamara Funiciello, wie und wann entstand die Idee zur Revision des Sexualstrafrechts?
In der Schweiz wurde die Diskussion um die Revision vor allem durch die Dissertation «Das Sexualstrafrecht der Schweiz.

Grundlagen und Reformbedarf» von Nora Scheidegger angeregt. Sie hat aufgezeigt, inwiefern es im Schweizer Recht Lücken gibt beim Schutz der sexuellen Selbstbestimmung. Die Dissertation erschien 2018, und kurz nach ihrer Veröffentlichung haben wir eine Arbeitsgruppe gebildet: Nora Scheidegger und Agota Lavoyer, Amnesty International Schweiz, das Istanbul-Konvention-Netzwerk und ich. Später kamen andere Organisationen, Beratungsstellen und Personen dazu. Durch Scheideggers Recherche wussten wir bereits viel über die Praxis in Schweden, dort gilt das «Nur Ja heisst Ja»-Modell seit 2018. Ein Jahr später erschien in der Schweiz die viel beachtete Befragung «Sexuelle Belästigung und sexuelle Gewalt an Frauen sind in der Schweiz verbreitet» von gfs.bern. Obwohl wir aus der Arbeitsgruppe alle wussten, wie die Realität aussieht, haben uns diese Zahlen schockiert.

Weshalb?

Hochgerechnet haben in der Schweiz bereits 430 000 Frauen mindestens einmal in ihrem Leben sexualisierte Gewalt erfahren. Nur rund acht Prozent der Fälle werden angezeigt, die Verurteilungen der Täterschaft liegt im tiefen einstelligen Prozentbereich. Nichtsdestotrotz bedeutet dies, dass hinter diesen 430 000 Übergriffen auch Täter stehen. Wenn jede und jeder von uns ein Vergewaltigungsopfer kennt, wie viele Täter kennen wir? Wir mussten uns darüber klar werden, dass wir es mit einem gesamtgesellschaftlichen Phänomen zu tun haben, das uns alle betrifft. Genau darum geht es bei dieser Revisionsvorlage, nicht nur um die Änderung eines Gesetzes: um die Veränderung einer Denkweise, einer Kultur und eines Systems. Vor diesem Hintergrund haben wir über Jahre die Revision des Sexualstrafrechts begleitet – mit rechtlichen Einordnungen und politischen Vorstössen, die über das Sexualstrafrecht hinausgingen. Wir waren immer darauf bedacht, die Öffentlichkeit mitzunehmen, einzubeziehen, verständlich zu bleiben und Raum für Veränderung zu lassen. So haben wir, noch bevor es den ersten Entwurf des überarbeiteten Gesetzes gab, der in der Subkommission diskutiert wurde, mit den Verantwortlichen Gespräche geführt und erste Kampagnen durchgeführt.

Eine derartige Schubkraft für feministische Revisionsentwürfe ist gerade in der Schweiz selten.

Der grosse nationale feministische Streik im Jahr 2019 hat massgeblich dazu beigetragen, dass wir so schnell vorankommen. Obwohl es mir im Herzen wehtut, das zu sagen, aber: Die Revision des Sexualstrafrechts ist leider eines der wenigen Dossiers, bei dem die Kraft des Streiks wirklich nachhaltig zu spüren ist. Dies, weil sie eine sehr konkrete Forderung ist und es dafür von Anfang an ein starkes Zusammenspiel von Zivilgesellschaft, NGOs und Politik gab. Dank des Streiks gab es dann auch seitens der Institutionen eine Bereitschaft, in feministische Projekte zu investieren. Die SP Schweiz hat zum Beispiel auf Antrag der SP Frauen eine Vierzig-Prozent-Stelle geschaffen, einzig für diese Reform. So konnten wir den Lead über den politischen Prozess übernehmen und einfädeln, dass viele Kantone – einschliesslich konservativer – sich bereits bei der Vernehmlassung für eine «Nur Ja heisst Ja»-Lösung ausgesprochen haben. Gleichzeitig hat die SP Frauen die grösste öffentliche Vernehmlassung in der Geschichte der Schweiz aufgegleist, was den Kurs der Diskussion massgeblich geprägt hat.

Die Gegner:innen des Entwurfs argumentieren, dass mit einer Revision nicht alles geändert werden kann.

Das stimmt. Doch die Gesetzesrevision ist zu einem wichtigen Puzzleteil bei der Gewaltbekämpfung geworden. Die Debatte half, die Problematik sexualisierter Gewalt aufzuzeigen, die Diskussion zu verändern und weitere Forderungen zur Gewaltbekämpfung in überparteilichen Allianzen durchzubringen. Änderungen, die für die Schweiz riesige Schritte sind.

Zum Beispiel?

Der Bund hat sich verpflichtet, eine Präventionskampagne gegen geschlechtsspezifische Gewalt zu entwickeln. Des Weiteren wird es Anlaufstellen für Betroffene von häuslicher Gewalt geben, die rund um die Uhr erreichbar sind, und Krisenzentren gegen Gewalt. Beides ist eine wichtige Forderung der Istanbul-Konvention, in der die strafrechtliche Verankerung des Zustimmungsprinzip gefordert wird. All diese Errungenschaften zeigen, dass bereits jetzt eine Diskursverschiebung stattgefunden hat und sich eine Mehrheit im Parlament für das Engagement gegen geschlechtsspezifische Gewalt ausspricht. Es ist uns gelungen, den Sicherheitsbegriff etwas umzudeuten beziehungsweise auszuweiten. Heute wird anerkannt, dass sich Frauen, inter, trans und nonbinäre Menschen oftmals nicht einmal in ihren eigenen vier Wänden sicher fühlen und dass das Gefühl von Sicherheit noch immer ein Privileg ist, das viele nicht haben. Diese Diskursverschiebung konnte sich vor vier Jahren noch niemand vorstellen. Aber wir haben es geschafft, die Diskussion auf eine Ebene zu bringen, wo es heisst: Es ist ein inhärenter Teil von Freiheit, dass du dich sicher fühlst. Das ist eine wahnsinnig bedeutsame Errungenschaft.

Der Bundesrat bevorzugte die «Nein heisst Nein»-Variante. Könnten Sie sich damit abfinden?

Man muss anerkennen, dass dieser Schritt bereits ein gigantisch grosser ist für die Schweiz. Wenn wir anschauen, wie viele Jahre wir kämpfen mussten, bis Vergewaltigung in der Ehe ein Straftatbestand wurde, wie viele Gesetzestexte wir dafür anfechten und verändern mussten, dann bewegt sich die Diskussion um das Sexualstrafrecht aktuell mit Lichtgeschwindigkeit vorwärts. Gestartet haben wir mit einer ständerätlichen Kommission, die keinen Revisionsbedarf sah. Und heute streiten wir darüber, welche Variante die beste ist. Stellen wir uns das als Fussballfeld vor, dann sind wir momentan bei den Gegnern im Strafraum. Ob wir das Goal machen, werden wir sehen.

Für die «Nur Ja heisst Ja»-Variante wird es wohl knapp. Wenn dieses Buch erscheint, wissen wir mehr. Wie geht es Ihnen mit dem Gedanken, dass Ihr Entwurf für die Revision scheitern könnte?

Das eine sind die unzähligen Stunden freiwilliger Arbeit. Und das andere sind die Geschichten. Ich kann darüber fast nicht sprechen, ohne dass ich weinen muss. Da ich öffentlich mit diesem Thema auftrete und es zu einer meiner Prioritäten gemacht habe, erzählen mir Frauen jeglichen Alters, mit unterschiedlichen Nationalitäten und sozioökonomischen Hintergründen von ihren Gewalterfahrungen. In der Migros, per Mail, auf Instagram. Zum Teil sprechen sie zum ersten Mal in ihrem Leben mit jemandem darüber. Es bricht einfach so aus ihnen heraus, weil sie wissen, dass ich ihnen glaube und dass ich ihnen keine Mitschuld gebe an dem, was ihnen angetan wurde. Es ist so wichtig, dass im Gesetz festgeschrieben wird, dass ein Opfer keine Mitschuld trägt, dass es sich nicht wehren muss, um vor Gericht Recht zu erfahren. Das Gesetz muss anerkennen, dass wir das Recht auf unseren Körper nicht vor Übergriffen verteidigen müssen. Sondern dass uns das Recht auf unseren Körper zusteht – einfach so. Das ist ausschliesslich mit der «Nur Ja heisst Ja»-Lösung gewährleistet. Solange die betroffenen Frauen das Gefühl haben, dass sie eine Mitverantwortung haben für das, was ihnen angetan wurde, werden sie nicht darüber sprechen und die Gewalttat nicht anzeigen.

Was macht das mit Ihnen als Politikerin und als Frau?

Jedes Mal, wenn eine Frau mir ihre Geschichte erzählt, fühlt es sich an, als werde sie ein bisschen zu meiner Geschichte. Diese Frauen haben entschieden, mich ins Vertrauen zu ziehen. Es ist nun auch meine Verantwortung, dass wir ihnen gerecht werden. Ich kann sie nicht hängen lassen. Es sind Geschichten, die dir das Herz brechen – Geschichten von Gewalt, missbrauchtem Vertrauen, überschrittenen Grenzen. Und es betrifft so viele von uns! Statistisch gesehen gibt es mehr Frauen in meinem Umfeld, die vergewaltigt wurden, als solche, die es in Führungspositionen schaffen. Es sind unsere Freundinnen, Töchter, Schwestern und Mütter. Sexualisierte Gewalt ist für die Frauen in diesem Land keine Ausnahme, sondern die Regel. Und trotzdem bringt man es nicht fertig, das absolut Selbstverständliche in ein Gesetz zu schreiben: Unser Körper ist kein Selbstbedienungsladen, in dem man sich bedienen kann, bis wir uns wehren oder Nein sagen. Ich würde am liebsten allen Männern im Rat diese Geschichten um die Ohren schlagen, die sagen, wir würden sexuelle Beziehungen kriminalisieren. So ein Unsinn! Aber ich weiss – es kann sein, dass es für eine Mehrheit nicht reichen wird. Und das ist schmerzhaft, sehr schmerzhaft. Auch für mich persönlich. Es fühlt sich an, als würde ich diese Frauen enttäuschen. Es fühlt sich an, als würden wir ihren Geschichten nicht gerecht werden.

Was meinen Sie damit, wir müssen ins Gesetz schreiben, dass wir Frauen glauben? Warum bedeutet nur «Nur Ja heisst Ja», dass wir den Frauen glauben?

In keinem anderen Straftatbestand steht das Verhalten des Opfers so stark im Fokus in Bezug darauf, ob der Bestand erfüllt wird oder nicht. Wenn dich jemand ausraubt, ist es egal, ob du die Tasche festhältst oder sie einfach hergibst. Weil du in einer Notsituation bist, ist es richtig, dass du die Tasche aushändigst. Und trotzdem ist es Raub. Aber wenn mir jemand sexualisierte Gewalt antut, muss ich beweisen, dass ich genug dagegen unternommen habe. Dem Opfer wird so eine Mitschuld gegeben. Das sagt unsere momentane Gesetzeslage sehr klar aus. Wenn eine Frau vergewaltigt wurde und auf den Polizeiposten geht, dann wird sie gefragt: «War die Tür offen? Wieso sind Sie nicht aufgestanden und gegangen? Wieso haben Sie nicht geschrien? Wieso haben Sie nicht zugebissen?» Das ist ein Teil der Vergewaltigungsmythen. Diese suggerieren auch, dass Frauen rachsüchtige Biester sind, die nichts anderes wollen, als Männer ins Gefängnis zu bringen. Diese Mythen sind der Grund, weshalb der Fokus bei den Opfern liegt.

Und weil die Beweislast bei der Person liegt, die Anzeige erstattet.
Das wird auch nach der Revision so sein. Der Prozess an sich verläuft auch mit der «Nur Ja heisst Ja»-Lösung genau gleich wie heute: Da muss man durch, daran ändert die Revision nichts. Das mutmassliche Opfer muss jedes Detail darlegen. Auch bei einer «Nur Ja heisst Ja»-Regelung müssen Betroffene jede Sekunde des Übergriffs noch einmal durchleben, und zwar mehrmals. Nach wie vor wird jeder einzelne Aspekt des Tathergangs ganz genau analysiert werden müssen – es wird nicht einfacher für Opfer. Es bleibt in vielen Fällen ein Vier-Augen-Delikt, Aussage gegen Aussage. Und wenn beide Aussagen gleich glaubwürdig sind, dann gilt weiterhin «in dubio pro reo», im Zweifelsfall für den Angeklagten. Das ist die Grundlage unseres Gesetzes. Es wird nichts daran geändert, dass dem Täter nachzuweisen ist, dass er mit Vorsatz gehandelt hat – dass also absichtlich der Wille des mutmasslichen Opfers übergangen wurde. Was sich aber ändert, ist der Fokus aufs Opfer und auf die grundsätzliche Frage, ob dieses sein Rechtsgut – in diesem Fall den eigenen Körper – schützen muss, indem es sich wehrt und Nein sagt. Oder ob das Gesetz dieses Rechtsgut schützt: Solange sie nicht einwilligt, darfst du den Körper einer anderen Person nicht einfach befummeln, penetrieren oder Ähnliches.

Was würde die «Nur Ja heisst Ja»-Lösung denn ändern?
Der Teufel liegt im Detail, weil der Fokus sich ändert: «Hast du der Handlung zugestimmt? War deine fehlende Zustimmung für den Angeklagten ersichtlich?», das sendet ein anderes Signal als: «Hast du dich gewehrt? Hast du deinen Körper geschützt?» Dieser Perspektivenwechsel ist so wichtig für Opfer, damit die Verantwortung für die Tat nicht mehr bei

ihnen liegt. Betroffene haben sowieso schon sehr oft das Gefühl, dass sie selbst schuld an den Übergriffen sind. Wie man nicht sehen kann, dass das ein Problem ist, ist für mich unverständlich.

Welche politischen Veränderungen in Bezug auf das Engagement gegen geschlechtsspezifische Gewalt stellen Sie momentan fest?

Es gibt eine Roadmap mit konkreten Massnahmen gegen häusliche Gewalt von Bund und Kantonen unter der Leitung von Karin Keller-Sutter. Im Bereich der sexualisierten Gewalt soll etwas Ähnliches entstehen. Das ist eine positive Entwicklung: Die verschiedenen Formen von Gewalt wurden bis anhin in den gleichen Topf geworfen, das ändert sich langsam. Es wird allmählich unterschieden zwischen häuslicher Gewalt, sexualisierter Gewalt, geschlechtsspezifischer Gewalt, Gewalt an Kindern und so weiter. Dieser Schritt ist sehr wichtig. Erst wenn wir erkennen, woher diese unterschiedlichen Formen von Gewalt kommen, welche Bedürfnisse gewaltbetroffene Menschen haben, können wir diese Gewaltformen effektiv bekämpfen. Was wir aber auch festhalten müssen: Sobald die Massnahmen etwas kosten, sinkt die Begeisterung, etwas gegen Gewalt zu unternehmen, merklich.

Diese Roadmaps sind Teil der Istanbul-Konvention, die in der Schweiz seit 2018 in Kraft ist. Warum ist die Revision des Sexualstrafrechts in diesem Zusammenhang relevant?

Weil sie unter anderem die Frage stellt: Was definieren wir in unserer Gesellschaft als sexualisierte Gewalt? Und umgekehrt: Was ist die gesellschaftlich anerkannte Basis von sexuellen Interaktionen? Ist das Einverständnis von allen Beteiligten eine Voraussetzung? Oder ist es der Mangel an Widerstand? Vor 1992 gab es den Straftatbestand der Vergewaltigung in der Ehe nicht, was im Prinzip bedeutete: In der Ehe hast du als

Mann das Anrecht auf den Körper deiner Frau. Dann wurde nach langem Kampf dieser Straftatbestand eingeführt. Aus dieser Perspektive gesehen ist es eigentlich nicht erstaunlich, dass wir erst jetzt über die Revision des Sexualstrafrechts diskutieren. Die Istanbul-Konvention, die definiert, dass fehlende Zustimmung das entscheidende Kriterium für sexualisierte Gewalt ist, hat noch den nötigen zusätzlichen Schub gegeben. Die Revision des Sexualstrafrechts ist ein wichtiger, aber vergleichsweise eher kleiner Teil der Konvention. Die Schweiz hat in Bezug auf die Umsetzung der Istanbul-Konvention noch immer viel zu tun. Diese hält fest, dass geschlechtsspezifische Gewalt aufgrund der Ungleichheit unter den Geschlechtern entsteht. Das ist die Grundaussage der Istanbul-Konvention: Wir werden die geschlechterspezifische Gewalt erst dann überwinden, wenn Gleichstellung herrscht. Das bedeutet ökonomische Gleichstellung, aber auch in den Freiheiten und Privilegien.

Sowohl das aktuelle Sexualstrafrecht als auch seine Revision fokussieren sehr stark auf das Opfer. Bräuchte es nicht eine ebenso starke Auseinandersetzung mit der Tatperson?

Doch. Diese Auseinandersetzung gibt es auch bereits im Bereich der häuslichen Gewalt. Hier stellen Studien immer wieder fest: Die Arbeit, also beispielsweise entsprechende Therapieformen, mit Tatpersonen ist ein sehr wichtiges Instrument zur Verhinderung von Gewalt, die Rückfallquote dieser Personen ist um ein Vielfaches kleiner und Gewalt findet oft «nur» noch verbal und viel weniger tätlich statt. Dieser Punkt wurde bisher in Bezug auf die sexualisierte Gewalt vernachlässigt. Arbeit mit Tatpersonen ist aber durchaus ein Thema, das wir im Rahmen der Revision immer wieder diskutieren. Ich finde zum Beispiel, dass sie neben Geldbussen und Haft als mögliche Strafe nach einer Verurteilung mit ins Sexualstrafrecht geschrieben werden sollte. Zudem fehlen immer noch Anlaufstellen für Personen und vor allem für Männer, die sich freiwillig, also nicht aufgrund einer gerichtlichen Anordnung, mit ihrem toxischen Verhalten auseinandersetzen wollen. Das muss sich ändern. Täter müssen gesellschaftliche Verantwortung übernehmen. Sexualisierte Gewalt ist ein inhärenter Bestandteil unserer Gesellschaft, und trotzdem: Alle kennen ein Opfer, aber niemand kennt einen Täter – oder eine Täterin.

Sowohl in den Gesprächen während unserer Recherche für dieses Buch als auch in der gfs.bern-Studie von 2019 gaben Frauen an, dass sie der Polizei nicht vertrauen und deshalb keine Anzeige erstatten, wenn sie sexualisierte Gewalt erleben. Was muss sich hier ändern?

Die Polizei setzt um, was in unserem Strafgesetzbuch steht. Und wie kann man einer Institution vertrauen, die etwas umsetzen muss, das so dermassen ungerecht ist? Die Revision des Sexualstrafrechts ist ein ganz kleines Puzzleteil, damit wir dafür sorgen können, dass die Opfer eine Möglichkeit haben, Gerechtigkeit zu erfahren. Wichtig wäre hier beispielsweise eine Verkürzung der Fristen im Strafprozess. Es kann eigentlich nicht angehen, dass man nach einer Anzeige zwei Jahre oder länger warten muss, bis der Prozess überhaupt erst beginnt. Und je nachdem kann sich der Prozess auf bis zu zehn Jahre oder noch länger erstrecken. So kannst du nie zur Ruhe kommen und wartest immer nur auf den nächsten Schritt. Darauf, dass man dir vielleicht glaubt und du annähernd so etwas wie Gerechtigkeit erfahren wirst. Das kann dich wahnsinnig machen.

Viele Frauen berichteten uns, dass sie die Fragen während der polizeilichen Einvernahmen retraumatisierten und ihnen das Gefühl gaben, selbst schuld zu sein am Übergriff. Würde eine Revision des Sexualstrafrechts an diesen Fragen etwas ändern?

Darüber gehen die Meinungen auseinander. Aber ich kann mir sehr gut vorstellen, dass die Fragen, die die Polizei stellen muss, auch von einer Revision beeinflusst werden. Es würde dann vielleicht nicht mehr gefragt: «Hätten Sie denn nicht flüchten können, die Zimmertür stand ja offen?» Es würde nach einer Revision bei einer Einvernahme nicht mehr darauf gepocht werden müssen, dass das Opfer alles getan hat, um sich zu schützen. Aber auch hier müsste eine tiefere Diskussion geführt werden, die über die Revision hinausgeht: Ressourcenmangel ist ein Problem, auch bei der Polizei. Auf vielen Posten gibt es zwar ausgebildetes Personal für von sexualisierter Gewalt Betroffene, aber es kann sein, dass die entsprechende Person vielleicht gerade ihren freien Tag hat, wenn ich Anzeige erstatten will. Und es gibt sogar Kantone, die gar keine solchen Personen haben. Aber abgesehen von diesen strukturellen Problemen: Eine sexistische Voreingenommenheit gegenüber Opfern von Sexualstraftaten ist gesellschaftlich klar verbreitet. Diese Voreingenommenheit müssen wir nicht nur bei der Polizei, sondern auch bei den Strafbehörden, bei den Gerichten und in der ganzen Gesellschaft überwinden. Die Revision des Sexualstrafrechts ist ein wichtiger Schritt in diese Richtung.

Nur acht Prozent erstatten Anzeige

Der Versuch, die Frage zu beantworten, warum in der Schweiz nur wenige Frauen, die sexualisierte Gewalt erlebt haben, den Täter anzeigen, führt irgendwann unweigerlich in die Tiefen einer Blackbox. Wichtige Daten werden nicht landesweit erhoben, der kantonale Flickenteppich bezüglich polizeilicher Ressourcen, politischer Prägung und Budget für den Kampf gegen geschlechtsspezifische Gewalt tut ein Übriges. Es bleibt nur, zu spekulieren und die einzelnen Fetzen so gut wie möglich in einen Zusammenhang zu bringen.

Erschreckend hohe Prozentzahlen

Im Mai 2019 veröffentlichte das Kommunikationsforschungsunternehmen gfs.bern im Auftrag von Amnesty International Schweiz Zahlen, die so bisher hierzulande noch nie erhoben wurden. Die Studie mit dem Titel «Sexuelle Belästigung und sexuelle Gewalt an Frauen sind in der Schweiz verbreitet» erhob das Vorkommen von sexualisierter Gewalt an Frauen. Dabei konzentrierten sich die Autor:innen unter anderem auf die hohe Dunkelziffer der Übergriffe im Vergleich zu angezeigten oder strafrechtlich verfolgten Vergewaltigungen.

Unter der Leitung von Cloé Jans und Lukas Golder wurden 4495 Frauen ab 16 Jahren in der Schweiz befragt. Die Ergebnisse sind erschütternd: Jede fünfte Frau (22 Prozent) hat in ihrem Leben schon einmal ungewollte sexuelle Erfahrungen gemacht – ist also belästigt, geschändet oder vergewaltigt worden. Die Studie unterscheidet die Übergriffe in «unerwünschte Berührungen, Umarmungen und Küsse» (59 Prozent), «sexuell suggestive Kommentare und Witze» (56 Prozent) und «unangemessenes Anstarren, das einschüchtert» (54 Prozent). Geschlechtsverkehr gegen ihren Willen mussten 12 Prozent der Frauen erleben, und 7 Prozent von ihnen gaben an, mit

Gewalt zum Verkehr gezwungen geworden zu sein. Fast die Hälfte aller befragten Frauen (48 Prozent) gab an, andere Frauen zu kennen, die ungewollte sexuelle Handlungen erlebt haben. Von diesen 48 Prozent gaben 64 Prozent an, dass es sich bei mindestens einem dieser Fälle um Vergewaltigung handelte. Die Frauen, die angaben, schon einmal Opfer eines Übergriffs geworden zu sein, erhielten vertiefte Nachfragen, etwa zu den konkreten Formen der Gewalt und zu ihrem Verhalten nach der Tat. Nur die Hälfte der Befragten gab an, mit jemandem aus dem privaten Umfeld darüber gesprochen zu haben, etwa mit einer Freundin. 10 Prozent gingen zu einer Opferberatungsstelle und weitere 10 Prozent haben den Vorfall der Polizei gemeldet. Lediglich 8 Prozent haben Anzeige erstattet.

Mehrdeutige Aufklärungsquote

Anzeigen wegen Vergewaltigung nehmen in der Schweiz seit Jahren kontinuierlich zu: Laut Bundesamt für Statistik wurden im Jahr 2012 noch 558 Vergewaltigungen angezeigt, 2017 waren es 604 und 2021 wurden 757 Fälle zur Anzeige gebracht. Die Aufklärungsquote der Fälle von Vergewaltigung lag 2021 bei 84,1 Prozent. Aber Achtung: Laut Bundesamt für Statistik (BFS), Sektion Kriminalität und Strafrecht, bedeutet dies nicht, dass 84,1 Prozent der angezeigten Vergewaltigungen zu einer Verurteilung oder einem Freispruch führten, sondern lediglich, dass in diesen Fällen zumindest eine beschuldigte Person erfasst wurde. Das bedeutet, eine Tatperson konnte beispielsweise namentlich identifiziert werden. Handelt es sich um eine Gruppe beschuldigter Personen, gilt eine Straftat bereits dann als aufgeklärt, wenn mindestens eine Person aus dieser Gruppe bekannt ist. Der Ausdruck «aufgeklärt» bezieht sich also auf die Straftat, nicht auf den Fall selbst. Dieser Aufklärungsquote können somit keine Informationen über Verurteilungen, Freisprüche oder Verfahrenseinstellungen entnommen werden. Eine schweizweite, detaillierte Übersicht darüber gibt es nicht.

Eine Studie von 2021, die im Fachmagazin «Kriminalistik» veröffentlicht wurde, nimmt sich dem Thema an. Durchgeführt hat sie Dirk Baier, der an der Zürcher Hochschule für angewandte Wissenschaften (ZHAW) das Institut für Delinquenz und Kriminalprävention leitet. Zu den Spitzenreitern in Bezug auf Verurteilungen von Sexualstraftätern gehört der Kanton Waadt. Sein Beispiel zeigt: Es spielt eine grosse Rolle, wie die entsprechenden Abläufe in den einzelnen Kantonen aussehen – denn sie beeinflussen unter anderem auch die Kriminalstatistik. In einigen Kantonen können sich die Frauen nach einem Übergriff im Spital untersuchen und die Spuren sichern lassen, ohne direkt Anzeige erstatten zu müssen. In anderen ist dies nicht der Fall. Der Kanton Waadt nimmt diesbezüglich eine Vorreiterrolle ein. Am Universitätsspital Lausanne gibt es seit 15 Jahren eine eigene Abteilung für Gewaltmedizin, wo Opfer fachübergreifend betreut werden. Bei allen Opfern wird bei der Aufnahme standardmässig eine rechtsmedizinische Dokumentation gemacht, der Kanton übernimmt die Kosten dafür. In den Jahren 2016 bis 2018 wurden in der Waadt 61 Prozent der Beschuldigten von Sexualdelikten verurteilt – im Kanton Zürich hingegen waren es im gleichen Zeitraum 7,4 Prozent. Der Kanton Zürich bildet damit schweizweit das Schlusslicht. Im Schweizer Durchschnitt wurden in derselben Zeitspanne 22,8 Prozent der Beschuldigten verurteilt.

Das Zürcher Obergericht erfasst seit 2020 die Anzahl Verfahren. In diesem Jahr gab es bloss in knapp einem Drittel der 26 Verfahren von Vergewaltigung, die an Zürcher Bezirksgerichten verhandelt wurden, eine Verurteilung. Im Vergleich mit dem Kanton Waadt und gemessen an der Bevölkerung werden Vergewaltigungen im Kanton Zürich jedoch fast doppelt so häufig angezeigt. Das könnte unter anderem daran liegen, dass im Kanton Zürich die Polizei unmittelbarer eingeschaltet wird, wenn ein Opfer im Spital die Beweise sichern lässt. Dies betonen Opferberaterinnen immer wieder.

Die Studie von Baier stellt auch fest: Im Kanton Zürich gab es in den letzten fünf Jahren im Schnitt jährlich 162 Anzeigen wegen Vergewaltigung, vor Gericht gab es 2020 aber nur 26 Verfahren. Das bedeutet, 80 Prozent der Fälle bleiben bei der Zürcher Staatsanwaltschaft hängen. Ein konkretes Beispiel: Der Staatsanwalt oder die Staatsanwältin entscheidet, dass der Fall vor Gericht nicht standhalten wird. Ein möglicher Grund dafür ist, dass die Beweislage nicht klar genug ist. Oder: Das Opfer entscheidet sich, das Verfahren nicht weiterzuführen, etwa weil es von der Tatperson bedroht wird oder sich den psychischen Belastungen durch den kräftezehrenden Prozess nicht gewachsen fühlt.

Gründe für Nichtanzeige

Aber was ist mit den Fällen, die gar nicht erst zur Anzeige gebracht werden? Die oben zitierte gfs.bern-Studie zeigt: Die meistgenannten Gründe dafür, dass Betroffene nicht zur Polizei gingen, sind Scham (64 Prozent), das Gefühl, keine Chance zu haben (62 Prozent), und die Angst, dass ihnen nicht geglaubt wird (58 Prozent). 21 Prozent der Befragten gaben an, zu wenig Vertrauen in die Polizei zu haben. Wobei die Angst davor, dass einem nicht geglaubt wird, im Prinzip ebenso als fehlendes Vertrauen in eine Institution zu werten ist.

Diese Zahlen decken sich mit den Gesprächen, die wir für dieses Buch geführt haben. Dass Frauen einen sexuellen Übergriff nicht anzeigen, weil sie denken, dass sie keine Chance haben, hörten wir während der Recherche für dieses Buch oft – sei es von den Frauen selbst oder aber als Zitat von zuständigen Polizist:innen, die Anzeigen aufgenommen haben. Und wir hören diese Aussage auch immer wieder in unserem Bekanntenkreis. Dass diese Angst berechtigt ist, zeigen nicht zuletzt die Fallbeispiele, die die Juristin Nora Scheidegger in ihrer Dissertation «Das Sexualstrafrecht der Schweiz. Grundlagen und Reformbedarf» aus dem Jahr 2018 anführt. Scheidegger stiess damit eine grossflächige Debatte an. Anhand von konkreten Fallbeispielen aus der kantonalen Praxis veranschaulicht die Juristin, dass das geltende Sexualstrafrecht, je nach Auslegung, oft schlicht keine Verurteilung wegen Vergewaltigung, Schändung oder sexueller Nötigung zulässt. Die Beispiele zeigen auch auf, wie sich Beschuldigte teilweise gar wissentlich über ein klar kommuniziertes Nein hinwegsetzen können und trotzdem nicht schuldig gesprochen werden. Somit kann das schweizerische Recht heute nicht alle Fälle von nicht-einverständlichen sexuellen Handlungen angemessen erfassen – was sich folglich auch in der Kriminalstatistik niederschlägt.

In einem dieser Beispiele beschreibt Scheidegger folgenden Fall: «Nach den als glaubhaft eingestuften Schilderungen des Opfers begann der Beschuldigte, sie nach einem gemeinsamen Ausgang bei sich zuhause auf dem Sofa zu streicheln und zu küssen. Nachdem sie den Kuss kurz erwiderte, gab sie anschliessend zu verstehen, dass sie nicht mehr wolle. Der Beschuldigte ignorierte ihre Äusserungen und öffnete ihren BH. Sie sprang auf und sagte, sie wolle heimgehen. Er zog sie wieder auf das Sofa und nach einem kurzen Gespräch näherte er sich ihr erneut und versuchte, ihr die Hose runterzuziehen, was ihm wegen des Gurtes nicht gelang. Wiederum gelang es ihm, den BH und die Bluse zu öffnen und er fing an, ihre Brüste zu küssen. Mit dem Ziel, ihn von ihrem Busen fernzuhalten, begann sie, ihn auf den Mund zu küssen und drehte sich von ihm weg. In dieser Position führte er seine Hand in ihre Hose, worauf sie diese hinauszog. Er wiederholte dies ein- oder zweimal, wobei es ihm gelang, das Opfer direkt an der Vagina anzufassen und zu streicheln. Erneut sprang sie auf und forderte nochmals, dass er sie gehen lassen sollte. Daraufhin fuhr er sie nach Hause.» Die Staatsanwaltschaft kam zum Schluss, dass die Schilderung des Opfers zwar glaubhaft war, die Tatmittel des Beschuldigten jedoch «nicht die Intensität erreicht haben, damit im Sinne von Artikel 189 des Strafgesetzbuchs von Bedrohung, Gewaltanwendung, Unter-psychischen-Druck-Setzen oder Zum-Widerstand-Unfähig-Machen gesprochen werden kann». Das wissentliche Übergehen einer Ablehnung allein erfüllt aus Sicht der Staatsanwaltschaft den Tatbestand der sexuellen Nötigung also nicht. Sie stufte die Tat als tätliche sexuelle Belästigung ein, weil das Verhalten des Beschuldigten das «zulässige Mass an Drängen» überschritten habe.

Scheidegger schliesst aus den Fallbeispielen, dass eine strafrechtliche Verfolgung «von nicht-einverständlichen sexuellen Handlungen mitunter auch am materiellen Recht scheitert», solange die Artikel im Sexualstrafgesetz das blosse Handeln gegen den Willen beziehungsweise das Handeln ohne Einwilligung nicht einschliessen.

Die Angst vieler Betroffener davor, Anzeige zu erstatten, ist – leider – berechtigt. Die Zahlen, sofern sie denn erhoben werden, zeigen: Viele Fälle bleiben bereits bei der Staatsanwaltschaft hängen. Das kann beispielsweise daran liegen, dass der Staatsanwalt oder die Staatsanwältin die Beweislage als nicht stark genug einschätzt – und dem Opfer die Tortur einer Gerichtsverhandlung nicht aufbürden will, wenn die Aussicht auf Erfolg zu gering ist. Auch dies hängt mit der aktuellen Gesetzeslage zusammen: Sieht die Staatsanwaltschaft etwa nicht genügend Beweise dafür, dass sich das Opfer «ausreichend» gegen den Übergriff gewehrt hat, stehen die Chancen vor Gericht von Beginn an schlecht. Und sollte der Fall doch vor Gericht kommen, ist die Chance auf eine Verurteilung oft nicht hoch, wie die Expertinnen bestätigen, mit denen wir für dieses Buch gesprochen haben. Wer eine Vergewaltigung, Schändung oder sexuelle Belästigung vor Gericht bringt, muss starke Nerven und ein dickes Fell haben.

Ob die «Nur Ja heisst Ja»-Regelung es unterstützen würde, dass mehr Opfer den vermeintlichen Täter anzeigen, kann man heute nicht genau sagen. Sie wäre aber sicherlich ein weiteres wichtiges Puzzleteil. Fest steht: Alle Fachpersonen, mit denen wir für dieses Buch gesprochen haben, sind davon überzeugt.

Karin Keller-Sutter: «Dass es für eine Vergewaltigung keine Nötigung mehr braucht, ist ein wichtiger Fortschritt»

Keines der Gespräche und Interviews, die wir für dieses Buch führten, ist so formell und durchgetaktet wie das mit Bundesrätin Karin Keller-Sutter. Der erste Termin, den uns ihr Assistent nach längerem E-Mail-Verkehr, in dessen Verlauf wir den Zweck unserer Anfrage genauestens erläutern und all unsere Fragen vorausschicken mussten, anbietet, wird kurzfristig widerrufen. Die Chefin sei auf einer Auslandsreise, lautet die Begründung. Ein paar Tage später begegnen wir Keller-Sutter auf Social Media. Sie ist unter den Gästen der Paris Fashion Week, wo sie das Jubiläum des Schweizer Modehauses Akris mitfeiert.

Ein weiterer Termin wird uns angeboten, eigentlich schon zu spät, das Manuskript liegt bereits beim Verlag, aber die Chance mit der zu diesem Zeitpunkt dem Eidgenössischen Justiz- und Polizeidepartement (EJPD) vorstehenden Bundesrätin über die geplante Revision des Sexualstrafrechts zu sprechen, wollen wir uns nicht entgehen lassen. Karin Keller-Sutter war vor ihrem Sitz im Bundesrat St. Galler Regierungsrätin und stand als solche dem kantonalen Sicherheits- und Justizdepartement vor, war auch Präsidentin der Konferenz der Kantonalen Justiz- und Polizeidirektorinnen und -direktoren (KKJPD). Zudem gehört sie, die einen Werdegang der gelernten Übersetzerin und Mittelschullehrerin beschritt, nach eigener Aussage zu den Initiant:innen der Polizeischule Ostschweiz. Vielen als Hardlinerin im Bereich der Asylpolitik bekannt und regelmässig als Law-and-Order-Politikerin betitelt, begleitete und prägte sie oft weniger beachtet auch das Thema häusliche

Gewalt und der Schutz vor dieser. Und darüber möchten wir mit ihr sprechen, also bestätigen wir den zweiten Terminvorschlag dankend.

Als wir an einem unwirtlichen Spätherbsttag in unserer anständigsten Garderobe vor dem Bundeshaus stehen, wissen wir zuerst nicht genau, wohin. Der Eingang für Presseleute ist schliesslich ein anderer als derjenige für Schulklassen und andere Besucher:innen, die sich tagein, tagaus durch die getäfelten Hallen der Macht bewegen, um wahlweise etwas über die berühmte Schweizer Demokratie oder über den «Nationalmaler» Ferdinand Hodler zu lernen, dessen teilweise meterhohe Gemälde verschiedene Teile des Bundeshauses schmücken – auch Keller-Sutters Büro, wie wir später feststellen werden. Endlich, wir werden fündig und nach der Anmeldung beim Sicherheitspersonal von einem sogenannten Bundesratsweibel in Empfang genommen, der uns in eines der oberen Stockwerke, vorbei an einem etwas gehetzten, aber durchaus enthusiastisch grüssenden Ignazio Cassis in einen Warteraum führt. Dann ist es so weit. In ihrem Büro nimmt uns die Bundesrätin in Empfang. Am anderen Ende des dunklen, runden Holztisches sitzt uns ihr Assistent gegenüber, der das Gespräch ebenfalls aufzeichnen und wichtige Abschnitte stichwortartig mitschreiben wird. Das Büro ist in Weiss gehalten, überall stehen oder hängen Orchideen, über dem Schreibtisch baumelt eine Installation, an den Wänden Kunst, Auszeichnungen, Bücherregale, eine Hundefotografie.

Der Weibel bringt Wasser, Tee für die Bundesrätin und verlässt das Büro. Keller-Sutter lächelt freundlich, sie ist so adrett in einen schwarzen Hosenanzug gekleidet, wie man es von ihr erwarten würde, um den Hals trägt sie eine filigrane Goldkette mit einem Elefantenpendant, der Rücken ist gerade, der Händedruck fest und in der Dauer perfekt getimt. Karin Keller-Sutter wirkt streng, aber zugänglich: Wenn eine:r der sieben Bundesrät:innen dem altbackenen Wort «staatsmännisch» gerecht wird, dann ist es die FDP-Politikerin, die jetzt mit uns am Tisch sitzt. Die Bundesrätin hat sich sorgfältig auf das Interview vorbereitet, vor ihr liegt eine Mappe mit Informationen zum Opferhilfegesetz, zur Debatte über die Revision des Sexualstrafrechts und zur Justiz. Eine Stunde lang haben wir Zeit für das Gespräch, der Assistent startet die Aufnahme.

Frau Keller-Sutter, die Bekämpfung der häuslichen und der sexualisierten Gewalt ist ein Schwerpunkt Ihres Departements, des EJPD. Was sind die aktuell grössten Schauplätze in diesem Zusammenhang?

Sicher die Revision des Sexualstrafrechts. Es ist bemerkenswert, dass die Nötigung als Voraussetzung für eine Vergewaltigung wegfallen soll. Ich muss Ihnen ganz ehrlich sagen: Vor zwei Jahren hätte ich mir noch nicht vorstellen können, dass diese Revision so ins Parlament kommt. Doch das gesellschaftliche Klima hat sich verändert. Das Bewusstsein für das Thema sexuelle Gewalt ist gewachsen, sicher auch wegen der MeToo-Debatte. Das hat dazu geführt, dass man sich vertieft mit der Materie befasst hat. Es gibt zudem eine umfassende Rechtsprechung. Das führte zur Einsicht, dass es nun auch eine Klärung im Gesetz braucht.

Wichtig war auch der Strategische Dialog zur häuslichen Gewalt, zu dem ich die Kantone und andere wichtige Akteure eingeladen hatte. Im April 2021 haben Bund und Kantone eine Roadmap mit zehn Handlungsfeldern verabschiedet. Es geht zum Beispiel um technische Massnahmen wie einen Notfallknopf für Opfer oder eine schweizweit einheitliche Notfallnummer, um Qualitätsstandards für das Bedrohungsmanagement in den Kantonen oder um die Arbeit mit Gewalttätern.

Wie verläuft die thematische Zusammenarbeit mit den anderen Departementen und den Kantonen? Welches sind hier die wichtigsten Punkte?

Die Bekämpfung der häuslichen und der sexuellen Gewalt ist eine Querschnitts- und Verbundsaufgabe. Nehmen Sie zum

Beispiel die Istanbul-Konvention: Das EJPD führte die Verhandlungen zur Ausarbeitung dieses Übereinkommens in enger Zusammenarbeit mit dem EDI und dem EDA. Für die Umsetzung der Istanbul-Konvention hat das Eidgenössische Büro für Gleichstellung im EDI den Lead übernommen. Diese Zusammenarbeit ist sehr willkommen und unproblematisch.

Zentral ist auch die Zusammenarbeit mit den Kantonen. Wesentliche Aufgaben wie die Polizei, die Staatsanwaltschaft, die Opferhilfe und auch der Erwachsenen- und der Kindesschutz liegen bei den Kantonen. Die Kantone werden damit dort eingebunden, wo sie zuständig sind. Der Bund nimmt nur eine moderierende Rolle ein. Darum ist es wichtig, dass wir eng mit den Kantonen zusammenarbeiten. Ein regelmässiger Austausch zum Thema häusliche Gewalt und zur Umsetzung der Massnahmen aus der Roadmap findet im Kontaktorgan statt. In diesem Rahmen tauscht sich das EJPD mit der kantonalen Justiz- und Polizeidirektorenkonferenz und mit der Sozialdirektorenkonferenz aus. Dort lasse ich mich auch über den Fortschritt der Arbeiten in den Kantonen informieren, zum Beispiel über die Pilotprojekte mit dem Notfallknopf. Denn egal, welche Instrumente sich durchsetzen: Für die Umsetzung sind letztlich immer die Kantone zuständig.

Welche konkreten Instrumente zur Bekämpfung von häuslicher und sexualisierter Gewalt hat das EJPD bisher erarbeitet?

Seit Anfang 2022 kann das Gericht Annäherungs-, Rayon- und Kontaktverbote mit elektronischen Hilfsmitteln überwachen. Eine Verbesserung haben wir auch im Strafprozess erreicht: Nicht mehr das Opfer entscheidet über die Einstellung eines Verfahrens, sondern die Strafverfolgungsbehörde. So können wir verhindern, dass das Opfer unter dem Druck des Täters entscheidet.

Dann gibt es auch noch die Möglichkeit, gewalttätige Personen aus der gemeinsamen Wohnung wegzuweisen. Das ist im kantonalen Polizeirecht geregelt. Als Regierungsrätin im Kanton St. Gallen habe ich schweizweit die erste solche Bestimmung eingeführt.

Welche Instrumente und Massnahmen sind für die nächsten Jahre in Planung?

Für mich steht die Umsetzung der bereits erwähnten Roadmap im Vordergrund. Dafür ist es wichtig, dass das geltende Recht in der Praxis von allen beteiligten Behörden konsequent angewendet wird. Bund und Kantone unterstützen sich hier gegenseitig. Die Fortschritte werden in einem Monitoring auf hoher politischer Ebene regelmässig überprüft.

Konkret geplant ist eine schweizweite Notfallnummer, die Betroffene anrufen können. Ein anderes Instrument ist der schon erwähnte Notfallknopf, den man in ein Armband integriert um das Handgelenk trägt. Natürlich bietet das keine absolute Sicherheit, aber es ist ein weiteres Glied in einer Kette aus Massnahmen, die Leben retten kann. In Spanien werden solche Notfallknöpfe seit einiger Zeit eingesetzt. Bisher hat man dort positive Erfahrungen damit gemacht. Für 2023 hat die KKJPD eine Studienreise nach Spanien geplant, an der auch das EJPD teilnimmt. Welche Kantone bei einem Pilotprojekt für einen Notfallknopf mitmachen, ist noch nicht klar.

Können Sie ausführen, was das genau ist und wie ein solcher Knopf funktioniert?

Ich habe das System in Spanien selbst nicht gesehen. Wie ich aber gehört habe, tragen gefährdete Personen ein Armband mit diesem Knopf, ähnlich wie man es heute bereits von betagten Menschen kennt. Mithilfe dieses Armbands können sie sehen, wenn der Täter sich ihnen nähert, und sie können mit einem Knopfdruck einen Notruf bei der Polizei auslösen.

Bezüglich der Ausbildungen an den Polizeischulen: Wie wird schweizweit in der polizeilichen Ausbildung für sexualisierte Gewalt sensibilisiert? Und wie bewerten Sie die heutigen Ausbildungsmodelle?

Die Ausbildung in Bezug auf sexuelle und häusliche Gewalt an den Polizeischulen schätze ich als sehr gut ein. Von 2005 bis 2008 war ich Präsidentin des Schweizerischen Polizei-Instituts (SPI). Ich war auch Initiantin der Polizeischule Ostschweiz. Damals wurden sogenannte Lernreviere geschaffen, wo die Auszubildenden den Ernstfall häuslicher Gewalt üben konnten. Die Ausbildung hat sich in den letzten Jahren stark verändert. Früher hiess es seitens der Polizei oft, dass man zu wenig machen könne, solange keine konkrete Gewalttat vorliegt. Gerade Opfer von Stalking oder Drohungen fühlten sich im Stich gelassen.

Das hatte einerseits mit der Gesetzeslage zu tun. Andererseits wurden die entsprechenden Techniken damals an den Polizeischulen auch noch nicht systematisch gelehrt; zum Beispiel, wie man eine Situation mit einem Täter von häuslicher Gewalt deeskaliert. Heute dauert die Ausbildung zwei Jahre und in beiden Bereichen arbeitet man schweizweit mit inszenierten Fällen in speziell dafür eingerichteten Wohnungen mit Schauspierinnen und Schauspielern. Ausserdem ist der Umgang mit häuslicher Gewalt schweizweit im Lehrplan festgelegt. Ich sehe hier auch viel Interesse seitens der Schulen, diese Themen anzugehen.

In wie vielen Korps gibt es ausgebildete Spezialeinheiten für sexualisierte Gewalt? Gibt es hier einen schweizweiten Überblick?

Ich weiss es nicht. Ich war damals beim Kick-off der Polizeischule Ostschweiz dabei. In meiner heutigen Funktion als Bundesrätin ist die Polizeiausbildung weit weg. Sie ist Sache der Kantone. Der Bund nimmt hier eine moderierende Rolle ein. Die Polizeiausbildung war am Dialog «Sexuelle Gewalt» zwischen Bund, Kantonen und Spezialisten im November 2022 eines der Hauptthemen.

Aber gerade in kleineren Kantonen kann es schwierig sein, genügend spezialisierte Polizistinnen und Polizisten zu finden. Ein möglicher Lösungsansatz wäre das Mitarbeiter-Pooling. So könnten Spezialistinnen und Spezialisten aus grösseren Kantonen auch den kleineren zur Verfügung stehen. Aber auch hier liegen die Verantwortung und somit die Entscheidungsmacht bei den Kantonen. Sie müssen solche Initiativen von sich aus ergreifen.

Welche kantonalen Unterschiede in Bezug auf die Sensibilisierung für sexualisierte Gewalt stellen Sie fest?

Es gibt Unterschiede in den Kantonen. In St. Gallen habe ich, wie bereits erwähnt, im Kantonsrat 2003 die erste Gesetzesbestimmung im Polizeirecht zum Schutz vor häuslicher Gewalt durchgebracht. Zürich hat ein ausgebautes Bedrohungsmanagement, die Waadt geht neue Wege bei der Forensik.

Nach dem Strategischen Dialog zur häuslichen Gewalt von letztem Jahr gibt es heute im Rahmen des Kontaktorgans zweimal im Jahr ein Reporting der Kantone, um die Fortschritte festzustellen. Diese Zusammenarbeit läuft sehr gut. Wie viel ein Kanton in die Sensibilisierung investieren kann, hängt auch von seinen Ressourcen ab. Diese sind zwischen den Kantonen sehr unterschiedlich verteilt.

Wir hören immer wieder, dass Frauen von der Polizei nicht ernst genommen werden, wenn sie einen sexualisierten Übergriff anzeigen wollen. Sogar ehemalige Polizistinnen sagten, dass sie selbst nicht zur Polizei gehen würden nach einem solchen Übergriff. Laut einer gfs. bern-Studie von 2019 machen nur zehn Prozent der Betroffenen eine Meldung bei der Polizei, bloss acht Prozent erstatten Anzeige. 58 Prozent der Befragten gaben an, dass sie gar nicht zur Polizei gehen, aus Angst, dass man ihnen nicht glaubt. Wie lassen sich diese alarmierenden Zahlen erklären?

Das ist ein Phänomen, das die ganze Gesellschaft betrifft. Ich spreche immer wieder mit betroffenen Frauen und stelle fest, dass Scham ein wichtiger Grund dafür ist, eine Tat nicht anzuzeigen. Wer will schon ein Opfer sein? Dies nach einer Tat anzuerkennen, ist für viele Betroffene ein langer und schwieriger Prozess. Dass man sich schämt, kann auch dazu führen, dass man Taten erst nach ein oder zwei Jahren zur Anzeige bringt, wenn überhaupt.

Zudem gibt es nur wenige Frauen, denen der Täter nicht bekannt ist. Bei der grossen Mehrheit der Fälle kennen sich Opfer und Täter. Der Täter war zum Beispiel der Partner oder der Ex-Freund. Die Hürde für eine Anzeige wird dadurch noch höher. Zur Vergewaltigung durch den Ex-Partner kommt es nicht selten vor der Trennung oder Scheidung. Eine Freundin von mir musste das erleben.

Sie haben vorher angesprochen, wie gut die polizeiliche Ausbildung in Bezug auf häusliche und sexualisierte Gewalt ist. Unsere Recherchen für dieses Buch bestätigen dies. Die Gespräche mit betroffenen Frauen, Ex-Polizistinnen und Expertinnen, etwa Mitarbeiterinnen von Opferberatungsstellen, zeichnen aber ein anderes Bild aus der Realität: Frauenfeindlichkeit ist sowohl in manchen Korps als auch in vereinzelten Einvernahmen noch immer spürbar. Eine Frau hat uns erzählt, sie habe nach der Einvernahme einen Polizisten zu seinem Kollegen sagen hören: «Die lügt doch sowieso.»

Ja, es gibt sicher auch schlechte Beispiele. Ein Fall unter hundert reicht, um ein schlechtes Licht auf die Arbeit der Polizei zu werfen. Was Sie beschreiben, ist aber eher ein gesellschaftliches Problem als ein Problem der Polizei. Wir alle haben teilweise falsche oder veraltete Bilder im Kopf. Die Polizei verfügt heute über Selbstreflexion und eine gute Fehlerkultur. Zudem ist die Sensibilisierung in der jungen Generation grösser.

Ist das Thema Sensibilität bei der Polizei also eine Generationenfrage?

Ja, aber nicht nur. Als Regierungsrätin in St. Gallen hatte ich viel mit älteren Polizisten zu tun, denen sehr viel daran gelegen war, dass sich die Dinge verbessern. Nicht nur in Bezug auf häusliche und sexuelle Gewalt. Ich erinnere mich an einen Polizeioffizier, der jeweils den Angehörigen von Opfern von Verkehrsunfällen die Nachricht vom Tod ihrer Liebsten überbringen musste. Dafür stand auf dem Stützpunkt bloss ein trostloser Raum zur Verfügung, was er bemängelte. Beim Neubau eines Stützpunktes hat man dann einen angemessenen Raum gestaltet.

Bleiben wir noch kurz beim Thema Misogynie. Ein Problem, das unter anderem aus veralteten Rollenbildern resultiert, ist ein abwertendes oder gar fehlerhaftes Verhalten seitens der Polizist:innen im Dienst gegenüber von sexualisierter Gewalt betroffenen Frauen. Sich über die Polizei zu beschweren, ist aber oft schwierig bis unmöglich. Weshalb gibt es in der Schweiz keine nationale externe Kontrollinstanz für polizeiliches Fehlverhalten?

Die Polizei ist in der Zuständigkeit der Kantone. Es gibt in den einzelnen Kantonen verschiedene Möglichkeiten, sich gegen ein mögliches polizeiliches Fehlverhalten zu wehren. Es gibt Ombudsstellen oder korpsinterne Ansprechpersonen. In schweren Fällen können Disziplinarverfahren durchgeführt werden oder es kommt sogar zu Gerichtsverfahren. Weil es eine kantonale Kompetenz ist, kann es auf Stufe des Bunds keine Kontrollstelle geben.

Wie stehen Sie zur geplanten Revision des Sexualstrafrechts?

Im Sexualstrafrecht besteht Reformbedarf. Das Parlament plant, die Nötigung als Voraussetzung für eine Vergewaltigung fallen zu lassen. Das ist ein wichtiger Fortschritt – unabhängig davon, ob sich dereinst die «Nur Ja heisst Ja»- oder die «Nein heisst Nein»-Lösung durchsetzt. Es ist eine sehr emotionale Debatte. Der Bundesrat gibt der «Nein heisst Nein»-Lösung den Vorzug, weil zahlreiche Experten davon ausgehen, dass sich die Beweisführung hierbei einfacher gestaltet, was auch im Interesse der Opfer ist. Ein Nein ist einfacher zu beweisen. Es kann ein Kopfschütteln sein, ein Wegschieben, ein Abwenden. Auch mir scheint es schlüssiger, die «Nein heisst Nein»-Lösung zu wählen. Ein Ja kann sich verändern: Zuerst sagt man Ja zu einem Sexualkontakt, aber was darauf folgt, möchte man vielleicht nicht mehr.

In den Hearings zur Revision des Sexualstrafrechts gaben Staatsanwält:innen auch zu bedenken, dass die Zustimmungslösung die Einvernahmen für die Opfer noch unangenehmer machen könnte. Ein Ja ist schwieriger zu beweisen als ein Nein. Das könnte zu einer grösseren Belastung führen für die Opfer, weil der Sachverhalt noch genauer erfragt werden müsste.

Kritiker:innen sehen die «Nein heisst Nein»-Lösung als unzureichend an, weil sie etwa Phänomene wie das Freezing negieren: Wer eingefroren ist, kann nicht Nein sagen.

Über das Freezing gab es im Vorfeld grosse Diskussionen. Freezing ist wissenschaftlich kaum fassbar und eignet sich darum nicht als Grundlage für einen Straftatbestand. Beim Freezing sind verschiedene Konstellationen denkbar, die zu einer Strafbarkeit führen. Zum Beispiel kann das Opfer in den Zustand fallen, weil es zuvor genötigt wurde. Damit gelangt der heutige Vergewaltigungstatbestand oder der heutige Tatbestand «Sexuelle Nötigung» zur Anwendung. In den Hearings stellte sich heraus, dass dies der häufigste Fall ist. Nach neuem Recht können auch ohne Nötigung andere Tatbestände zur Anwendung kommen, so die neuen Tatbestände «Sexueller Übergriff» und Vergewaltigung ohne Nötigungselement gemäss der Ablehnungslösung.

Endnoten

1 Wir schreiben von «sexualisierter» Gewalt, weil der Ausdruck «sexuell» impliziert, dass alle Beteiligten einverstanden sind. Ist jemand nicht einverstanden, sprechen wir nicht von Sex – sondern von Übergriffen.

2 Nora Scheidegger: «Das Sexualstrafrecht der Schweiz. Grundlagen und Reformbedarf», Diss., Stämpfli: Bern, 2018. Vgl. auch Nora Scheidegger / Agota Lavoyer / Tamara Stalder: «Reformbedarf im schweizerischen Sexualstrafrecht. ‹Egoistisch, rücksichtslos, kaltherzig› – aber strafrechtlich nicht relevant?», in: «sui-generis», Zürich, 2020, S. 57ff. (https://doi.org/10.21257/sg.122).

3 gfs.bern – Menschen.Meinungen. Märkte: «Sexuelle Belästigung und sexuelle Gewalt an Frauen sind in der Schweiz verbreitet. Hohe Dunkelziffer im Vergleich zu strafrechtlich verfolgten Vergewaltigungen», Befragung sexuelle Gewalt an Frauen im Auftrag von Amnesty International Schweiz, Bern, 17.05.2019 (https://perma.cc/AF9T-5E9Q).

4 Miriam Suter / Karin A. Wenger: «Die Einvernahme war für mich so schlimm wie die Vergewaltigung selbst», in: «Republik», Zürich, 18.06.2020.

5 Wir schreiben «Frauen», weil die Betroffenen von der Polizei, den Opferhilfestellen und dem Gesetz als solche behandelt wurden. Eine der in diesem Buch porträtierten Personen ist jedoch nonbinär. Um ihre Anonymität zu wahren, verzichten wir in Absprache mit dieser Person auf genauere Angaben.

6 Agota Lavoyer interviewt von Bettina Hamilton-Irvine: «Das Problem ist nicht der individuelle Mann, sondern unsere Vorstellung von Männlichkeit», in: «Republik», Zürich, 05.01.2023.

7 Medienmitteilung der NGO Brava: «Expert_innen stellen fest: Schweiz mit massiven Defiziten im Kampf gegen Gewalt», Bern, 15.11.2022.

8 Miriam Suter / Karin A. Wenger: «Wer sich über die Polizei beschwert, ist selber Schuld», in: «Republik», Zürich, 04.06.2021.

9 Die sechs regionalen Schweizer Polizeischulen: Interkantonale Polizeischule Hitzkirch, Zürcher Polizeischule, Polizeischule Ostschweiz in Amriswil, Polizeischule Savatan in Lavey-Morcles, Centro Istruzione Protezione Civile in Rivera, Centre interrégional de formation de police / Interregionale Polizei-Ausbildungszentrum Freiburg – Neuenburg – Jura in Colombier und Granges-Paccot.

10 Die polizeiliche Grundausbildung in der Schweiz dauert zwei Jahre. Im ersten Ausbildungsjahr besuchen die angehenden Beamt:innen eine Polizeischule, das zweite Ausbildungsjahr verbringen sie in ihrem jeweiligen Polizeikorps, wo sie das Gelernte konsolidieren und praktisch anwenden sollen. Die Ausbildung ist bezahlt und in ihrer Stossrichtung und den Fachkriterien definiert, die Anzahl einzelner Lektionen und Spezialisierungen sowie deren Vermittlungsform kann sich jedoch von Schule zu Schule beziehungsweise von Korps zu Korps unterscheiden. Die Ausbildung richtet sich an Personen mit einer abgeschlossenen Berufslehre, Matura oder höherer

Ausbildung. Jedes Polizeikorps formuliert die Bedingungen für die Aufnahme und somit den Zugang zur Ausbildung selbst.

11 Die Grundausbildung an der IPH Hitzkirch umfasst insgesamt 1110 Lektionen, darunter 70 Lektionen Allgemeinbildung, 152 Lektionen Allgemeine Polizeifächer wie Rapportlehre, Methodisches Vorgehen, aber auch Polizeipsychologie, Ethik und interkulturelle Kompetenz, 124 Lektionen Recht, 148 Lektionen Kriminalistik, 334 Lektionen Einsatztraining und Sicherheit, 140 Lektionen Verkehr, 130 Lektionen Sport und Rettung und 52 sonstige Lektionen zur Vorbereitung auf die Prüfung der Einsatzfähigkeit und praktische Übungen.

12 Die Konferenz der Kantonalen Polizeikommandantinnen und Kommandanten (KKPKS), die Dachorganisation der kantonalen Polizeikorps, beantwortet die Frage «Wie viele Polizeikorps in der Schweiz verfügen über einen Fachdienst / einen Sonderbereich / eine Spezialgruppe o. Ä. zum Thema sexualisierte Gewalt?» nach rund drei Wochen und mehrmaligen telefonischen Nachfragen schriftlich mit: «Da müssen Sie sich bei den jeweiligen Polizeikorps erkundigen.» Das Schweizerische Polizei-Institut (SPI) bietet gemäss KKPKS zwei Kurse an, die sich mit dieser Thematik auseinandersetzen. Weiter schrieb das KKPKS auf die Frage nach der nationalen Koordination und dem Austausch bezüglich der Unterrichtsinhalte: «Der Umgang mit Opfern von sexualisierter Gewalt ist anlässlich Weiterbildungsmöglichkeiten in diesem Fachbereich (z. B. Kindsbefragungen) jeweils ein Thema. Es gibt aber kein institutionalisiertes Gefäss für einen entsprechenden Austausch, resp. ein Austausch im Sinne von «best practice» fehlt bedauerlicherweise.» Das Schweizerische Polizei-Institut (SPI) reagierte nicht auf unsere Anfragen. Wir fragten bei mehreren kantonalen Polizeikorps nach, ob und in welchem Ausmass sie über Fachgruppen bzw. Fachpersonen im Bereich sexualisierte Gewalt verfügen. Leider erhielten wir nur wenige Antworten. Vom Mediendienst der Kantonspolizei Zürich bekamen wir folgende schriftliche Stellungnahme: «Die Kantonspolizei Zürich verfügt im Bereich Sexualstraftaten über zwei speziell ausgebildete Fachdienste. Die Mitarbeitenden der beiden Dienste Sexualdelikte / Kindesschutz und Menschenhandel / -schmuggel leisten, während 24 Stunden an 7 Wochentagen, ein Fachpikett, welches neben den Betroffenen auch Opferberatungsstellen und eigenen Einsatzkräften zur Verfügung steht. Die beiden Fachdienste stehen seit Jahren in engem Austausch mit staatlichen und nichtstaatlichen Stellen. Die Mitarbeiter:innen dieser Fachdienste sind entsprechend ausgebildet und besuchen regelmässig Weiterbildungsveranstaltungen oder unterrichten selbst als Fachexpert:innen in unterschiedlichen Lehrgängen. Der Umgang mit traumatisierten und dissoziierenden Opfern ist Teil dieser Ausbildungen.»

13 Zu eruieren, wie hoch die Zahl von Falschbeschuldigungen bei Sexualdelikten wirklich ist, ist schwierig, zumal es immer wieder zu Freisprüchen aufgrund mangelnder Beweise kommt, sodass es nicht möglich ist zu beantworten, ob eine Falschbeschuldigung vorgelegen hat oder doch nur ein Freispruch «in dubio pro reo». Zwischen den von Wetzstein genannten 2,7 % über 8 % bis hin zu 30 % oder sogar 45 % scheinen unterschiedliche Statistiken, Studien und Umfragen im Umlauf zu sein. Die meisten internationalen Studien gehen jedoch von einer Pro-

zentzahl für Falschbeschuldigungen hinsichtlich sexualisierter Gewalt zwischen 2 % und 8 % aus. Dara Lind: «What we know about false rape allegations», in: «Vox», Washington DC, 01.06.2015. Gemäss Schweizer Strafnorm (Art. 303 StGB) droht bei einer Falschbeschuldigung eine Freiheitsstrafe von bis zu 20 Jahren Haft.

14 Gern hätten wir auch mit deren männlichen Kollegen gesprochen, jedoch konnten wir keinen Polizisten finden, der sich für ein Gespräch bereit gezeigt hätte.

15 Die Fristen und die Höhe dieser Rückerstattungsbeträge variieren von Korps zu Korps. So gilt etwa bei der Kantonspolizei Schwyz laut der kantonalen Website: «Wer vor Ablauf von drei Jahren nach Abschluss der Polizeischule aus dem Polizeikorps austritt, hat die Kosten der Polizeischule anteilsmässig zurückzuerstatten. Die zurückzuzahlenden Ausbildungskosten betragen unmittelbar nach Abschluss der Polizeischule rund CHF 40 000. Bei einem Austritt während der Ausbildung sind in der Regel die Kosten für die Polizeischule ebenfalls anteilsmässig zurückzuerstatten.» Bei der Kantonspolizei Graubünden betragen die Rückerstattungskosten bei Kündigung CHF 35 000 im ersten Dienstjahr und dann graduell weniger bis hin zu CHF 10 000 Rückerstattung im vierten Dienstjahr nach der Ausbildung. Auf der Website der Stadtpolizei Zürich heisst es: «Wer die Aufnahme in die Polizeischule schafft, tut dies mit einer Rückerstattungspflicht. Aufgrund der Kosten müssen Sie sich vertraglich verpflichten, für mind. 4 ½ Jahre (inkl. 2 Jahre Ausbildung) bei der Stadtpolizei Zürich zu bleiben, ansonsten je nach Dauer der Anstellung ein Teil der Kosten zurückerstattet werden muss. Ausgenommen davon sind die ersten 3 Monate (Probezeit), in denen der Vertrag ohne Verpflichtung gekündigt werden kann.»

16 Appellationsgericht des Kantons Basel-Stadt, Entscheid vom 30.07.2021, SB.2021.9 (AG.2021.589). Der Fall zog grosse mediale Aufmerksamkeit und eine Demonstration nach sich: «‹Elf Minuten dauerte die Vergewaltigung›: Hunderte demonstrieren in Basel gegen Urteil», in: «Watson», Zürich, 08.08.2021.

17 Für die Koordination der Umsetzung der Opferhilfe und deren möglichst einheitliche Anwendung in den Kantonen ist die Konferenz der Kantonalen Sozialdirektorinnen und Sozialdirektoren (SODK) mittels der fachtechnischen Opferhilfekonferenz (SVK-OHG) zuständig. Die SODK vertritt ausserdem die Interessen der Kantone in politischen Fragen zur Opferhilfe.

18 Am 21. August 2022 wurde von der Kommission für Rechtsfragen im Nationalrat eine Parlamentarische Initiative mit dem Namen «Lücke im OHG schliessen. Opfer mit Tatort Ausland unterstützen» eingereicht. Im Initiativtext steht dazu: «Das Opferhilfegesetz (OHG) ist wie unten vorgeschlagen anzupassen, damit Opfer von Gewalttaten im Ausland Zugang zu den benötigten Unterstützungsleistungen aus der Opferhilfe erhalten. Genugtuung und Entschädigung sollen weiterhin von den Opferhilfeleistungen ausgenommen sein.» Bei Drucklegung dieses Buchs wurde die Initiative im Rat noch nicht beraten. Weitere Informationen für Betroffene von im Ausland verübten Straftaten finden sich auf der Übersichtswebsite www.opferhilfe-schweiz.ch (→ «Ich bin Opfer von» → «Straftaten im Ausland»).

Verzeichnis der Opferberatungsstellen

Wenn du von sexualisierter Gewalt betroffen bist, kannst du dich an eine Opferberatungsstelle wenden. Es muss nicht diejenige in deinem Kanton sein. Die kantonalen Opferberatungsstellen, die hier aufgelistet sind, verfügen über Fachpersonal, Beratung und Soforthilfe nach dem Opferhilfegesetz, besonders für von sexualisierter und/oder häuslicher Gewalt Betroffene.

Mehr Angaben sowie eine Auflistung von Anlaufstellen, wenn du Gewalt im Ausland erlebst, findest du unter: www.opferhilfe-schweiz.ch.

Eine Liste von Frauenhäusern findest du unter diesem Link: www.frauenhaeuser.ch.

Kantonsübergreifend

FIZ Fachstelle Frauenhandel
und Frauenmigration, Zürich
Die FIZ setzt sich für den Schutz und die Rechte von Migrant:innen ein, die von Gewalt und Ausbeutung betroffen sind.
Tel. 044 436 90 00
contact@fiz-info.ch
www.fiz-info.ch

Aargau

Opferberatung Aargau, Aarau
Tel. 062 835 47 90
beratungsstelle@opferberatung-ag.ch
www.opferberatung-ag.ch

Appenzell Ausserrhoden / Innerrhoden und Kanton St. Gallen

Kinderschutzzentrum, St. Gallen
Beratungsstelle
Tel. 071 243 78 02
info.ksz@kispisg.ch
www.kszsg.ch

Opferhilfe SG-AR-AI,
St. Gallen
Tel. 071 227 11 00
info@ohsg.ch
www.ohsg.ch

Soforthilfe nach sexueller Gewalt,
St. Gallen
24h-Hotline
Tel. 071 494 94 94
www.soforthilfesg.ch

Basel-Stadt und Basel-Landschaft

Opferhilfe beider Basel, Basel
Beratungsstelle für
Gewaltbetroffene
Tel. 061 205 09 10
info@opferhilfe-bb.ch
www.opferhilfe-beiderbasel.ch

Bern

AppElle! 24h-Hotline Frauenhäuser Bern
Tel. 031 533 03 03

Beratungsstelle Lantana, Bern
Fachstelle Opferhilfe
bei sexualisierter Gewalt
Tel. 031 313 14 00
info@lantana-bern.ch
www.lantana-bern.ch

Beratungsstelle Vista, Thun
Fachstelle Opferhilfe bei sexualisierter und häuslicher Gewalt
Tel. 033 225 05 60
info@vista-thun.ch
www.vista-thun.ch

Opferhilfe Centre LAVI, Bern / Biel
Bern: Tel. 031 370 30 70
beratungsstelle@opferhilfe-bern.ch
Biel: Tel. 032 322 56 33
beratungsstelle@opferhilfe-biel.ch
www.opferhilfe-bern.ch

Solidarité Femmes, Biel / Bienne
& Region
Frauenhaus und Beratungsstelle
Tel. 032 322 03 44
info@solfemmes.ch
www.solfemmes.ch

Freiburg

Centre de consultation
LAVI, Fribourg
Opferberatungsstelle für
Kinder, Männer und Opfer
des Strassenverkehrs
Tel. 026 305 15 80
LAVI-OHG@fr.ch
www.fr.ch/sej/lavi

Solidarité Femmes
et Centre LAVI, Fribourg
Frauenhaus und Opferberatungsstelle
Tel. 026 322 22 02
info@sf-lavi.ch
www.sf-lavi.ch

Genf

Centre de consultation
LAVI, Genève
Centre Genevois de consultation
pour victimes d'infractions
Tel. 022 320 01 02
info@centrelavi-ge.ch
www.centrelavi-ge.ch

Glarus

Opferberatungsstelle, Näfels
Tel. 055 646 67 36
opferberatung@gl.ch
www.gl.ch/verwaltung/volkswirtschaft-und-inneres/soziales/opferberatung.html/930

Graubünden

Opferhilfe Graubünden, Chur
Tel. 081 257 31 50
opferhilfe@soa.gr.ch
www.gr.ch/DE/institutionen/verwaltung/dvs/soa/hilfe/opferhilfe

Jura

Centre de consultation LAVI, Delémont
Tel. 032 420 81 00
lavi@ssrju.ch
www.jura.ch/DIN/SAS/Aide-aux-victimes-maltraitance.html

Luzern, Nidwalden und Obwalden

Opferberatungsstelle des Kantons Luzern, Luzern
Tel. 041 228 74 00
opferberatung@lu.ch
www.disg.lu.ch/themen/opferberatung

Opferberatung Kanton Obwalden, Sarnen
Tel. 041 666 62 56
opferhilfe@ow.ch
www.ow.ch/fachbereiche/1676

Neuenburg

SAVI Service d'aide aux victimes, La Chaux-de-Fonds / Neuchâtel
Tel. 032 889 66 49
savi.ne@ne.ch
www.savi-ne.ch

Schaffhausen

Fachstelle für Gewaltbetroffene, Schaffhausen
Tel. 052 625 25 00
fachstelle@fsgb-sh.ch
www.fsgb-sh.ch

Solothurn

Beratungsstelle Opferhilfe Kanton Solothurn, Olten
Tel. 062 311 86 66
opferberatung@ddi.so.ch
https://opferhilfe.so.ch

Schwyz und Uri

Opferberatung Schwyz und Uri, Goldau
Tel. 041 857 07 42
info@opferberatung-sz-ur.ch
www.opferberatung-sz-ur.ch

Thurgau

BENEFO Fachstelle Opferhilfe Thurgau, Frauenfeld
Tel. 052 723 48 26 (Erwachsene)
Tel. 052 723 48 23 (Kinder, Jugendliche)
opferhilfe@benefo.ch
www.opferhilfe-tg.ch

Tessin

Servizio per l'aiuto alle vittime di reati, Bellinzona / Locarno / Paradiso
Tel. 0800 866 866
dss-lav@ti.ch
www4.ti.ch/dss/dasf/chi-siamo/ufficio-dellaiuto-e-della-protezione/servizio-per-laiuto-alle-vittime-di-reati

Waadt

Centre de consultation LAVI, Aigle / Lausanne / Yverdon-les-Bains
Aigle: Tel. 021 631 03 04
Lausanne: Tel. 021 631 03 00
Yverdon-les-Bains:
Tel. 021 631 03 08
administration@lavi.ch
www.lavi.ch

Wallis

Centre de consultation LAVI
Valais Romand, Sion
Tel. 027 607 31 00
lavi@admin.vs.ch
www.vs.ch/web/sas/lavi-beneficiaires

Opferhilfeberatung
Oberwallis, Brig
Tel. 027 946 85 32
opferhilfeberatung@oberwallis.ch
www.vs.ch/de/web/sas/ohgkontakte

Zürich

Beratungsstelle Frauen-Nottelefon, Winterthur
Tel. 052 213 61 61
info@frauennottelefon.ch
www.frauennottelefon.ch

Okey Fachstelle für Opferhilfeberatung & Kinderschutz, Winterthur
Für Kinder und Jugendliche
Tel. 052 245 04 04
fachstelle.okey@hin.ch
www.okeywinterthur.ch

kokon Beratungsstelle
Beratungsstelle für Kinder, Jugendliche und junge Erwachsene, Zürich
Tel. 044 545 45 40
beratung@kokon-zh.ch
www.kokon-zh.ch

BIF Beratungsstelle für Frauen gegen Gewalt in Ehe und Partnerschaft, Zürich
Tel. 044 278 99 99
info@bif.ch
www.bif-frauenberatung.ch

Castagna, Zürich
Beratungs- und Informationsstelle für sexuell ausgebeutete Kinder, Jugendliche und in der Kindheit ausgebeutete Frauen und Männer
Tel. 044 360 90 40
mail@castagna-zh.ch
www.castagna-zh.ch

Frauenberatung sexuelle Gewalt, Zürich
Tel. 044 291 46 46
info@frauenberatung.ch
www.frauenberatung.ch

Kinderschutzgruppe und Opferberatungsstelle des Kinderspitals Zürich
Für Kinder und Jugendliche
Tel. 044 266 76 45
opferberatungsstelle@kispi.uzh.ch
www.kispi.uzh.ch/de/patienten-und-angehoerige/fachbereiche/opferberatungsstelle/Seiten/default.aspx

Opferberatung Zürich, Zürich
Für Männer, Frauen, Jugendliche und Kinder
Tel. 044 299 40 50
opferberatung@obzh.ch
www.obzh.ch

Zug

eff-zett, Zug
Tel. 041 725 26 50
opfer@eff-zett.ch
www.eff-zett.ch/opferberatung

Die Autorinnen

Miriam Suter, geboren 1988 in Brugg, aufgewachsen im Fricktal, lebt und arbeitet in Aarau und Zürich. Sie ist Journalistin und produziert zusammen mit der Slam-Poetin Lisa Christ den feministischen Podcast «Faust & Kupfer». Sie ist Co-Autorin des Buchs «Ich bin Sexarbeiterin», das 2020 im Limmat Verlag erschien.

Natalia Widla, geboren 1993 in Cham, wohnt und arbeitet seit 2014 in Zürich als freischaffende Journalistin («Das Lamm», «woz», «Fabrikzeitung», «an.schläge»). Sie hat Politikwissenschaften und Gender Studies in Zürich studiert und moderiert Anlässe zu feministischen Themen.

Dank

Danke für eure Liebe, Unterstützung, eure Nerven und Geduld: Gianni Keller, Sara Suter, Marlen Meier, Stephan Suter, Vanja Kadic, Tim Hunziker, Sandra Keller, Julian Stäuble, Susanne Kieser, Eva Hitz, Bigna Poschung, Pauline Meyer, Karin A. Wenger, Dshamilja Schurtenberger, Illay Grieder, Laila Burgener, Lukas Tobler, Karolina Widla, Halina Widla, Lech Widla, Kaja Kamm, Simone Koller, Désirée Janoud, Sharon Saameli, Luke Styles, Richi und Bobby, Jacek Piotrowski, Limmat Verlag mit Rahel Beyerle, Trix Krebs, Laila Schneebeli, Jana Sonderegger.

Danke für euren Mut: Alle Frauen und nonbinäre Personen, die mit uns über ihren Schmerz sprachen.

Dieses Buch wurde mit finanzieller Unterstützung durch den Förderverein des Limmat Verlags realisiert.

Für einen Projektbeitrag danken Verlag und Autorinnen Amnesty International Schweiz, der Stiftung für staatsbürgerliche Erziehung und Schulung sowie dem Sozialdepartement der Stadt Zürich.

Stadt Zürich
Sozialdepartement

Im Internet
› Informationen zu Autor:innen
› Hinweise auf Veranstaltungen
› Links zu Rezensionen, Podcasts und Fernsehbeiträgen
› Schreiben Sie uns Ihre Meinung zu einem Buch
› Abonnieren Sie unsere Newsletter zu Veranstaltungen und Neuerscheinungen
› Folgen Sie uns

Das *wandelbare Verlagslogo* auf Seite 1 zeigt Blätter von einheimischen Bäumen, Linoldruck von Laura Jurt, Zürich, laurajurt.ch

Der Limmat Verlag wird vom Bundesamt für Kultur mit einem Strukturbeitrag für die Jahre 2021–2024 unterstützt.

Umschlagillustration: Jacek Piotrowski
Lektorat: Rahel Beyerle und Laila Schneebeli
Korrektorat: Günther Fässler
Typografie und Umschlaggestaltung: Trix Krebs
Druck und Bindung: Friedrich Pustet, Regensburg

2. Auflage 2023

ISBN 978-3-03926-054-6

www.limmatverlag.ch